전환사회의
새로운 힘,
재생에너지를 공유하라

대한민국 에너지전환 1번지,
'카본프리 아일랜드 제주'

기후위기에 맞서 에너지전환을 위해
동네에서 지구까지
온몸으로 실천하는 모든 동료 시민,
그리고 둘째 아들 지율에게

전환사회의
새로운 힘,
재생에너지를 공유하라

대한민국 에너지전환 1번지,
'카본프리 아일랜드 제주'

김동주 지음

올해는 지구환경보전을 위한 기념비적인 보고서인 로마클럽의
《성장의 한계》발표와 함께, '오직 하나뿐인 지구'를 표어로 스웨덴
스톡홀름에서 세계의 환경문제를 종합적으로 논의한 유엔 인간환
경회의가 개최된 지 50주년이 되는 해이다.

또한 이 회의 20주년을 기념해 1992년 6월 브라질 리우데자네이
루에서 '환경적으로 건전하고 지속 가능한 발전(ESSD)' 등을 주제로
하여, 리우선언을 비롯한 의제 21(Agenda 21)·기후변화협약·생물다
양성협약·산림원칙 등을 채택한 유엔 환경개발회의가 열린 지도
30주년을 맞이하였다.

지난 반세기 동안 자연과 사회의 지속가능성에 대한 논의와 실
천이 계속되어 왔음에도 불구하고 지금의 세계는 어떠한가? 국제

적으로 코로나19 팬데믹이 3년째 계속되고 있으며, 인류 모두가 합심하여 공동의 노력을 통해 대응해도 모자랄 '기후위기'가 당장 해결해야 할 긴박한 문제가 되었는데도, 미·중 간의 패권경쟁은 심화되었으며, 러시아의 우크라이나 침공으로 새로운 전쟁이 시작되기도 했다.

국내에서는 수도권 집중 및 저출생·고령화로 인한 지역소멸 위기와 사회양극화 심화, 그리고 이러한 혼돈 속 방향을 잃은 청년세대 등 사회적 지속가능성을 위협하는 도전과제가 넘쳐나고 있다. 더욱이 봄철 동해안 산불, 여름철 수도권 및 남동권의 풍수해 등 기후재난도 일상화되어 인명과 재산 피해가 반복되고 있다.

제주사회도 마찬가지로 매년 수백 명의 지역청년들이 일자리를 찾아 도외로 유출되어 사회 활력이 감소하고 초고령화 사회로 진입하였으며, 지역경제의 주요 산업인 대량관광활동으로 인해 환경·경제·사회 등 다방면의 지속가능성의 위기가 도래하였다. 섬의 환경수용력은 초과되었고, 관광객 및 이주민 증가에 따른 사회·문화적 갈등은 증가하였으며, 사드 배치에 따른 중국정부의 한한령(限韓令)과 고금리·고유가·고환율 등 대외환경 변화 영향에 직접적으로 노출되는 취약점을 보이고 있다.

이렇게 자연과 사회가 혼돈스러운 세계에서 인간종과 비인간종 모두의 생존을 위협하는 기후위기 또한 점점 심각해지고 있는 마당에, 지난 상반기 열린 제20대 대통령 선거와 제8회 전국동시지방선거로 중앙권력뿐 아니라 지방권력에도 상당수 변화가 있었고, 그로 인해 에너지정책에 대한 변화도 두드러지게 나타나고 있다. 탈원전 재생에너지로의 전환을 표방했던 문재인 정부와 달리 윤석열 정부는 재생가능에너지 비중을 축소하였고, 핵발전을 다시 늘리기로 했다.

에너지체제 전환을 강력히 추진했던 입장에서는 반동의 시대로 인식할 수 있겠지만, '위기를 기회로!'라는 말처럼 기존 정책을 되살펴보는 시기로 삼는다면 더 나은 미래로 도약하는 시간이 될 수 있다.

이 책은 나의 세 번째 저서로, 박사학위를 취득하고 난 후 지난 7년간 대학 시간강사, 지방공기업 직원, 기초 지방정부 대표기관에서 일을 하면서 썼던 학술논문, 언론 및 잡지 기고문 등을 대한민국 지역 에너지전환의 대표 정책 중 하나인 '카본프리 아일랜드 2030 제주' 발표 10주년을 맞이하여, 풍력 및 태양광발전, 시민참여와 에너지전환조직, 카본프리 아일랜드와 탄소중립 등 여러 주제에 맞게 구분하여 엮은 현장기록이다.

미리 기획하여 긴 호흡으로 풀어내는 책은 아니지만, 읽어보면 각 글들의 바탕에는 제주가 대한민국 에너지전환 1번지라는 메시지가 내포되었음을 알 수 있다. 선두주자는 가장 먼저, 가장 멀리 볼 수 있으므로, 제주는 단순히 수많은 지역 중의 하나가 아니라, 지난 반세기 전부터 꾸준히 실천해온 독보적인 에너지전환의 시범 지구이자, 함께 꿈을 펼칠 수 있는 현장이기도 하다.

따라서 제주의 바람(wind)을 도민 모두가 '공유'(commoning)한 사례를, 전국으로 널리 '공유'(sharing)하고자 하는 나의 간절한 바람(wish)도 담겨 있다. 에너지전환을 꿈꾸는 모든 이들이 주체적으로 길을 찾을 수 있도록 이 책이 나침반이 되었으면 한다.

작은 책 한 권이 나오기까지 많은 이들의 도움과 노력이 있었다. 먼저 이 책을 펴낼 수 있게 지원해준 '제주학연구센터'에 큰 감사의 말씀을 드린다. 출판을 제안해주셨을 뿐 아니라 실무를 총괄해주신 '한그루'의 김지희 편집장님을 비롯한 관계자 분들과 매끄럽고 꼼꼼하게 교정을 해준 정지우 님께도 고맙다는 말을 전한다.

제주의 풍력자원 공유화 사례를 전국적으로 널리 알려주는 데 노력해주신 (사)정의로운전환을 위한 에너지기후정책연구소 이정필 소장님, 에너지노동사회네트워크 구준모 기획실장님께 특별히 감사의 말씀을 드린다.

이 책에 실린 글들은 기존 여러 매체를 통해 발표되었던 것으로

〈프레시안〉,〈제주의소리〉, 정의당 정의정책연구소, 모심과살림연구소,〈함께사는길〉, 제주환경운동연합, 제주특별자치도(공보관실), 제주대학교 탐라문화연구원 등에서 게재를 허락해주서서 출판이 가능했다.

이 글들을 쓰는 과정에서 함께 활동하고 고민을 해왔던 (사)정의로운전환을 위한 에너지기후정책연구소, 녹색전환연구소, 양천시민사회연대 기후위기대응특별위원회, 지역에너지전환전국네트워크, (사)에너지전환포럼 사회적대화위원회, 기후위기비상행동, 체제전환을 위한 기후정의동맹 그리고 '청년이 바라보는 지방선거 기후공약 분석 프로젝트: 청지기' 활동을 함께한 기후변화청년단체GEYK과 청년기후긴급행동 관계자를 비롯해 기후위기에 대응하고 에너지전환을 위해 동네에서 지구까지 온몸으로 실천하는 모든 동료시민들에게 이 책을 바친다.

2022년 12월 서울과 제주, 그리고 전국을 오가며

김동주

전환사회의
새로운 힘,
재생에너지를 공유하라

여는 글

재생에너지가 전환사회의 새로운 힘이 되려면

재생에너지가 전환사회의
새로운 힘이 되려면

주민상생협약인가? 연대보증 노예계약인가?

며칠 전, 내륙 산간의 한 지역에서 농사를 짓고 계시는 분께서 이메일을 보내왔다. 동네주민들 대부분이 사업에 반대서명을 하였는데도, 마을 이장이 주민들 몰래 사업자와 '마을상생협약'을 체결하려 했다고 한다.

협약서 내용은 이러했다. 사업자가 얼마간의 돈과 현물을 마을에 지원하는 것은 "사업 추진·운영과정에서 발생할 수 있는 일체의 직·간접적 손해 또는 손실에 대한 최종적이고 불가변적인 배상 또는 보상"이라고 했다. 그러면서 "사업의 건설 및 발전단지 운영 시 발생할 수 있는 소음, 분진, 진동, 그림자, 장비의 이동, 항공장애

등, 전자파, 저주파 등에 대하여 일체의 이의 제기를 하지 않기"로 하고, 또한 "사업 추진·운영에 직·간접적으로 지장을 주거나 부정적인 영향을 끼칠 수 있는 어떠한 행위(구두, 서면, 인터넷 홈페이지에 글 게재 등 그 형식을 불문)도 하여서도 아니되고", 만약 주민 중 일부라도 위와 같은 의무를 불이행하거나 위반한 경우 "지원받은 보상총액과 그에 대한 연 5% 이자 등을 주민들 모두가 연대하여 부담해야 한다."고 되어 있었다.

풍력발전사업자의 입장에서 생각해보면, 공사 시작 이후 수백억 원의 비용이 투입되는 사업이 일부 주민들의 반대활동으로 인해 중단된다면 막대한 손실이 벌어질 것이기 때문에 애초부터 민원을 원천봉쇄하려는 의도를 충분히 느낄 수 있다.

그런데 이런 협약서를 일반시민의 입장에서 본다면, 민주공화국에서 주권자의 말할 권리를 자본가의 수익창출을 위해 돈 몇 푼에 틀어막으려는 초헌법적인 짓거리일 뿐이고, 하물며 당사자인 주민들 입장에서는 얼마나 황당한 연대보증 노예계약문서겠는가?

어찌 이런 일이 버젓이 벌어지고 있을까? 핵심만 간략히 추려보자. 정부는 재생에너지를 보급하려고 했고, 사업자는 돈을 벌려고 했다. 이왕이면 대규모로 해야 돈을 더 많이 벌수 있으니, 전기를 소비하는 도시보다 멀리 떨어져있는 지가가 저렴한 농어촌 지역이 사업부지가 될 수밖에 없다.

그런데 지역주민들은 사업추진의 전반적 과정에서 제대로 된 설명 한번 듣지 못한 상태에서, 사업자가 토목건설공사를 시작한 후에야 비로소 사업허가 사실을 뒤늦게 알게 된다. 재생에너지를 포함해 모든 발전소, 송전탑 등 전력설비, 그리고 대부분의 사회기반시설들은 수십 년간 해당 공간을 점유하면서 지역의 자연과 사회에 지속적인 영향을 주기 마련인데, 그런 개발사업에 대해 무관심할 주민이 누가 있겠는가? 당연히 정확하게 살펴본 후, 충분한 논의의 과정을 거쳐 결정해야 한다. 이것은 민주주의 문제이다.

민주주의를 경제적 문제로 치환해버린 주민참여 REC 가중치

재생에너지에 기반한 지속가능한 에너지체제로의 전환과정에서 '시민참여'는 그동안 중앙정부 주도의 대자본 위주로 형성된 기존 에너지체제의 문제점에 대한 비판에서 시작되었다. 정책결정 및 집행과정에서 지역주민과 시민사회에 대한 정보공개 및 의견수렴·반영이 부족함에 따라 에너지 시설물의 개발·운영 관련 사회적 갈등이 벌어졌고, '시민참여'가 에너지체제 전환의 중요한 요소로 떠오르게 되었다. 시민참여·주민참여는 에너지정책의 수립 및 결정, 집행과 환류과정에서 시민들이 직접 참여하는 '에너지주권'이자

'에너지 민주주의'라고 할 수 있다.

그런데 정부가 신재생에너지보급의무화제도(RPS)[1]와 관련하여, 2018년부터 본격 도입한 '주민참여'는 이런 분야가 아닌 단순히 재생에너지사업에 대해 인접 주민이 주식·채권·펀드 형태로 '투자'에 참여할 경우, 추가 REC 가중치를 부여하는 것에 그치고 있다.[2] 즉, 에너지주권을 요구하는 정치적 문제를 경제적 문제로 축소·치환해버리고 있다.

REC 가중치는 단순히 주민의 반대 여론을 막기 위해 지급하는 보조금이라는 지적이 꾸준히 제기되었다. 물론 금전적 여유가 있어서 재생에너지사업에 투자를 하면 좋겠지만, 이것과는 별개로 주권자로서 에너지정책 및 사업에 대한 '말할 권리'를 박탈할 수 없다. 민주공화국에서 '시민'은 재산 소유의 많고 적음에 상관없이 주권자로서 우리 동네에 세워지는 에너지시설에 대해 이야기할 권리가 있다. '시민 참여'는 정치적 참여가 더 중요하며, 이를 경제적 문제로만 치환해서는 안 된다.

특히 올해는 RPS제도가 도입되어 운용된 지 10년째를 맞이하고 있는데, 그간 REC 가격은 안정적이지 않았고 최근에는 0원이 되는 사례도 있었다. 그렇다면 REC 추가 가중치를 기반으로 한 주민투자 이익실현은 지속가능한 사업모델이라고 할 수 있는지도 의문이며, 불확실한 REC 가격에 기반하여 주민들을 투자로 끌어들이는 방식이 과연 올바른 것인지도 살펴봐야 한다.

주민수용성을 위해 기존에 운영되고 있는 발전소주변지역지원금 제도[3])가 무엇이 부족했기에 주민참여 REC제도를 도입했는지, 그리고 정부가 국민에게 빚내서 투자하라는 게 옳은 일인지도 따져봐야 한다. 부족하고 부정확한 정보와 사업자 불신, 주민의견 수렴부족에 대한 제도적 대응이 주민참여투자 REC 추가 가중치라면 현상파악을 피상적으로 한 것이라고도 볼 수 있다. 결국 돈으로 주민수용성을 얻겠다는 것은 근본적인 한계가 있으며, 궁극적으로 모두 전기요금에 반영되어 원가상승요인이 되고 에너지전환에 걸림돌이 될 수밖에 없다.

이익공유인가, 자원공유인가?

주민참여 사업에 대한 REC 가중치, 대규모 투자금에 대한 장기 저리대출[4]) 등은 전 국민이 내는 전기요금에서 추가로 지원해주는 것 또는 일종의 정부 재정지원에 따른 보조금이므로 시장제도의 운영에 따라 발생하는 이윤이 아니다. 따라서 '이익공유'도 아니며, 장기적으로 지속가능하지 않다.

경제학에서 상품의 생산에 투입되는 3가지 요소로, 원료·노동·

자본을 꼽고 있고, 각 투입요소에 따른 이익을 지대·임금·이자라고 한다. 풍력·태양광 등 재생가능에너지 발전사업에 투입되는 원료는 핵·화력발전사업과는 달리 바람과 햇빛이라는 자연적 요소이다. 재생가능에너지 개발 초기에는 이렇게 투입되는 자연에너지원을 '무상'(공짜)이라고 평가했지만, 그리드패리티[5] 달성 등 재생가능에너지 전기가 기존 방식으로 생산한 전기보다 더 싸게 공급할 수 있다면, 전력판매 과정에서의 가격차이에 따른 수혜는 발전사업자에게 귀속된다.

하지만 자연은 우리 모두의 것이므로 무상의 자연에너지원 투입에 따른 이익은 특정 사업자가 아닌 우리 모두에게 귀속되어야 한다. 즉, 적정이윤을 제외한 차액만큼 전력거래단가를 낮춰서 재생가능에너지가 더 빨리, 더 많이 공급될 수 있도록 해야 할 것이다.

최근 주목받고 있는 '이익공유'는 사업에 투자한 자본에 대한 배당의 성격을 갖는다. 생산에 투입되는 요소로서 해당 지역 주민들과 함께해 온 자연에너지인 바람과 햇빛의 기여에 따른 편익 배분이 아니며, 오히려 사업자가 무상의 자연력에 따른 이익인 지대를 탈취하고 있다고 볼 수 있다.

따라서 '이익공유'가 아닌 '자원공유'가 되어야 한다. 이는 자연에너지자원에 대한 개발권을 오랫동안 자연을 벗삼아 살아온 인접한 지역주민에게 우선적으로 부여하는 방법으로 가능하며, 주민들이 기술과 재원 측면에서 여의치 않을 경우에는 개발순위를 외부로 확대하는 조건으로 반대급부인 자원사용료를 받을 수 있을 것이다.

주변 지역의 이해관계자에게 분배되는 과도한 보상금도 마찬가지로 재생가능에너지 보급에 저해요소가 될 가능성도 있지만, 무상의 원료에 대한 지역사회의 우선적 접근권을 인정한다면, 차액의 일부를 지역사회의 에너지기금으로 지원하여 지역에너지자립을 위한 종잣돈으로 사용할 수 있을 것이다.

'이격거리' 규제? 문제의 구조보다는 현상을 문제삼는 프레임

기초 지방정부에서 태양광발전사업을 위한 개발행위 허가기준에 주택가와 도로 등으로부터 몇 백 미터의 거리를 둬야 한다는 내용이 몇 년 전부터 등장하기 시작했다.[6] 사업자 입장에서는 개발가능한 면적이 줄어들고 사업비가 늘어날 수 있기 때문에, 이것을 소위 '이격거리 규제'라고 일컫고 있다.

'규제'라는 표현은 부정적 의미를 내포하고 있어 '이격거리 규제'라는 표현은 기초 지방정부가 만든 기준이 에너지전환의 걸림돌이라는 것을 의미할 수밖에 없다. 그런데 기초 지방정부가 재생가능에너지 보급을 일부러 막기 위해 이격거리 규제를 신설했을까? 오히려 주민 민원에 따른 지방정부의 수세적 대응이었다고 보는 게 타당하다고 생각한다. 대규모 전기사업 허가 등 에너지 관련 권한이 없는 기초정부가 에너지전환을 위한 능동적 행정으로 나아가지 못한 채, 시장·군수의 권한인 도시계획법에 따른 개발행위허가로 우회적인 규제 권한을 행사한 것으로 보인다.

문제의 원인을 '기초 지방정부의 이격거리'로만 본다면, 이는 이격거리 조례 개정이 증가한 2017년 이후의 상황, 즉 문재인 정부의 에너지전환 정책이라는 거시적 배경에 대한 문제제기를 하지 못하게 된다.[7] 오히려 중앙정부가 지역사회에 끼칠 구체적인 영향에 대한 충분한 검토 없이 에너지전환 정책을 추진한 것은 아닌지 의문이 생긴다. 또한 재생에너지 개발업자들의 지역사회와 소통 부족에 대해서는 그 누구도 묻지 않는 결과를 초래하고 있다.

최근 정부는 이격거리 기준을 완화하거나 없애는 기초 지방정부에 REC 가중치 인센티브를 주거나 또는 신재생에너지법을 개정하여 기초 지방정부의 태양광발전사업허가에 대한 이격거리 기준을 없애려는 시도를 진행 중이다.[8]

그렇지만 '개발행위허가'는 시장·군수의 고유 권한이므로 이것에 대해 중앙정부가 왈가왈부하는 것은 지방자치를 침해하는 것이라고 보인다. 또 개발행위허가의 근거 법인 도시계획법이 아닌 다른 법률로 관련 권한을 제한하는 것이 법 체계상 타당한지도 의문이다.

녹-녹 갈등? 에너지시설물이 같은 녹색인가?

재생에너지는 핵/화석연료에 비해 전력생산과정에서의 방사능 누출의 우려가 없고, 온실가스 및 대기오염 물질을 대규모로 배출하지 않기 때문에, 상대적으로 '녹색'의 성격을 갖는 것은 분명하다. 그러나 진짜 녹색인 생태계와 비교하면 같은 녹색은 아니다.

태양광발전 패널을 이미 개발된 도시지역의 옥상이나, 산업단지의 지붕이 아니라 농지와 초지, 산지에 설치한다면 하부공간의 부지정비가 불가피하기 때문에 기존 형태와는 매우 이질적인 경관으로 바뀌게 되고, 자연생태계의 생명활동에 부정적 영향을 끼치는 것은 분명하다.

육상풍력발전기도 바람을 잘 받기 위해 산의 정상부에 발전기를 설치해야 하는데, 거대한 구조물을 운반하기 위한 진입도로, 발전기를 조립하기 위한 최소한의 주변 공간은 원형을 훼손할 수밖에 없다. 뿐만 아니라 운영 중에 발전기 블레이드가 회전하면서 타워를 지나칠 때마다 '쉬익~ 쉬익' 하는 소음과 함께 햇빛에 가려지는 면은 회전하는 그림자가 생겨난다. 해상풍력발전기도 건설과정에서 부유사와 함께 발생하는 소음은 돌고래와 같은 해양동물의 서식 등 해양생태계에 교란을 일으킨다. 수명이 다 된 태양광 폐 패널이나 풍력발전기의 날개는 산업폐기물이고, 일부 재활용 가능 자원을 추출한다고 하더라도 쓰레기는 나올 수밖에 없어, 폐기물 처리장이 필수적이다.[9]

위와 같은 이유로 생태계 보전과 재생에너지전환 과정에서 발생하는 문제를 '녹-녹 갈등'이라고 부르는 것은 원조 녹색과 상대적 녹색을 구분짓지 않은 것이기에 올바른 표현은 아니다. 즉 '자연생태계 보전 〉 재생에너지 〉 핵·화력발전'이라는 순위를 인정하고 사태를 관찰하고 지켜보는 것을 제안한다. 그리고 농업의 출현과 함께 시작된 인간의 문명은 본래적으로 농지개간에서부터 자연생태계의 인위적인 개입이었고, 산업사회에서는 그 속도와 규모가 나름대로 지속가능했던 농업사회에 비해 돌이킬 수 없을 정도의 자연에 대한 수탈을 바탕으로 하고 있음을 깨달아야 한다.

자본의 본성, 그리고 해외자본의 국내투자에 따른 국부유출?

에너지전환운동이 불가피하게 재생에너지 기업과 산업에 대한 일방적인 옹호를 할 수밖에 없는지를 고민해 봐야 한다. 기업의 본질은 이윤추구이기에, 돈이 된다면 핵발전소와 석탄화력발전소를 건설하기도 하지만, 대규모 해상풍력사업도 할 수 있고, 신에너지로 분류된 연료전지사업도 할 수 있으며, 실제로 두산에너빌리티(구. 두산중공업)가 그런 사업을 하고 있다. 모든 재생가능에너지 기업이 이렇게 하는 것은 아니지만, 가장 대표적인 재벌기업이 그런 모습을 보여주고 있다.

우리나라 해상풍력에 투자하는 외국기업들도 마찬가지다. 인천지역 해상풍력발전 사업투자를 준비하고 있는 덴마크의 '오스테드'(Ørsted)는 원래 명칭이 동에너지('DONG: Denmark Oil & Gas')로 이름 그대로 화석연료 회사였지만, 2022년 1월 기준 해상풍력발전단지 건설량 기준 세계 최대 해상풍력 개발사이고, 울산 부유식 해상풍력발전사업에 투자할 예정인 노르웨이 국영 에너지기업 '에퀴노르'(Equinor)도 과거 이름은 스타토일(Statoil)로 세계 최대의 석유·가스 기업이었다.

한편 이와 같은 해외자본의 국내 재생가능에너지사업 투자는 국부유출 논란으로 이어질 수 있다. 과거 국내 사회기반시설의 민간투자사업에서 부정적 이미지를 보여준 맥쿼리 계열의 GIG(Green Investment Group)도 공격적으로 국내 해상풍력발전사업을 인수하고 있다.

이런 일은 국내 재생가능에너지 발전사업 초기부터 있었던 일이다. 2006년 98MW 규모로 준공된 국내 최초의 대규모 육상풍력이었던 대관령 풍력발전(㈜강원풍력발전)의 경우, 초기 투자금의 절반 이상이 외국자본이었고, 그중 전체 지분의 30%를 투자했던 곳은 일본계 마루베니상사였다. 당시는 FIT(발전차액지원제도)가 적용되던 때여서, 국민들이 내는 전기요금의 일부로 조성한 전력산업기반기금으로 차액을 지원해주었다.

2012년부터 신재생에너지공급인증서(REC)를 발급해 별도의 보상을 해주는 RPS제도로 바뀌었지만, 궁극적으로 전기요금은 국민들이 지불하는 것이기에 사업투자에 따른 이윤은 최종적으로 해외 자본의 소유자에게 흘러갈 것이다. 때문에 재생에너지로의 전환 과정에서 국내 산업육성을 통한 고용창출 효과를 기대하고 있다면, 이 상황에 대해 문제의식을 갖고 대안을 함께 모색해야 한다.

재생에너지가 대안이 되려면

'탈석탄·탈원전'의 기치를 내걸고 문재인 정부가 추진했던 에너지전환 정책은 '원전을 통한 탄소중립 실현'을 주장하는 윤석열 정부의 등장으로 인해 그 흐름이 바뀌고 있다. 재생가능에너지에 대한 전 정부와 현 정부의 태도가 달라지고 있지만, 에너지전환을 위한 전 지구적인 물결은 거스르지 못할 것이다. 오히려 이참에 그동안의 재생가능에너지 정책과 산업에 대해 되돌아보는 시기를 잠시 가져보는 것도 좋겠다.

지역사회에 대한 종합적 이해를 바탕으로 한 변화의 청사진 없이 중앙정부와 외부기업 주도로 빠르게 진행되었던 지역의 재생에너지 개발사업은 지역사회의 저항에 부딪히고 있다. 이것을 빌미로 정치적으로 반대입장에 있던 세력들은 재생에너지 자체에 대한 부정적 여론을 흘리고 있다. 본격적인 상업용 재생가능에너지 개발사업이 시작된 지 20년이 넘었음에도 불구하고 최근에야 환경영향과 주민수용성에 대한 관심이 늘고 있다는 것은 그동안 그 부분에 대한 관심이 상대적으로 낮았음을 의미하며 제대로 된 해결을 위한 고민과 노력도 부족했다는 것을 보여준다.

다시 전환의 원칙을 되새겨보자. 에너지원은 핵·화력발전에서 재생가능에너지로 바뀌어야 하며, 그 과정에서 시민의 정치적 참여권리 보장, 대량생산·소비체제의 극복과 에너지수요의 대대적인 감축, 자연환경에 대한 영향 최소화와 돌이킬 수 없는 영향의 폐지 등을 종합적으로 고려하고 판단해야 한다. 재생에너지를 둘러싼 갈등을 살펴보면 결국 '재생에너지로의 전환은 절대선'이라는 맹목적인 믿음이 에너지체제 전환의 다른 구성요소들을 부차적으로 바라보기 때문에 발생하는 것은 아닌지 스스로 되물어봐야 한다.

에너지는 그 자체가 중요한 게 아니라, 그것을 통해 제공받는 에너지서비스(빛, 열, 동력 등)를 통해 우리 삶의 질을 보다 풍요롭게 만들고 그것을 통해 품위 있는 인간다운 삶을 향유하는 게 궁극적 목적이다. 타인의 피눈물로 만들어진 전기를 아무런 거리낌없이 사용하는 것은 동시대를 살아가는 다른 동료 시민에 대한 예의가 아니다.

모든 문제를 해결할 단 하나의 방법은 존재하지 않는다. 몰락해가는 농어촌 지역사회를 대상으로 한 폭력을 멈추고, 이윤에 대한 욕망을 버려야 한다. 나아가 뭇 생명들과 원탁에 마주보고 이야기를 해야 한다. 서로 모르는 부분에 대해서는 충분한 정보를 제공하여 그것을 그들의 말로 소화해낼 때까지 기다려줘야 한다.

《모심과살림》 통권 19호, 모심과살림연구소(2022년).

공유자원의 사유화, 도둑맞은 모두의 바람

이윤추구를 뛰어넘는 공공정책 상상력이 필요하다

추자도 해상풍력과 제주특별자치도, 그리고 에너지분권 모델의 전국화

제주도 공공주도 풍력계획은 후퇴하는가?

대한민국 풍력발전이 가야 할 길은 공유화

제주도 풍력자원 공유화기금, 전국적으로 확대돼야

제주도 풍력발전지구 지정 제도, 성과와 과제

공유자원의 사유화,
도둑맞은 모두의 바람

탐욕을 위해 거래되는 공유공간에 대한 권리

최근 한 지역에서 열린 해상풍력발전 토론회에 다녀왔다. 다른 지역과 마찬가지로 대규모 항만과 산업단지를 갖고 있는 이곳은 에너지전환을 통한 온실가스 감축, 배후항만 및 산단 조성을 통한 지역경제 활성화, 사업자·주민·어업인 간 공정한 이익 공유를 실현하기 위한 목적으로 대규모 해상풍력발전 사업을 추진하고 있었다.

풍력발전사업을 추진하기 위해 가장 먼저 해야 할 일은 풍황 자원 조사이다. 육상풍력의 경우 토지 소유주의 동의를 통해 계측기를 설치할 수 있으며, 해상풍력은 국가소유인 공유수면의 점·사용허가를 받고 계측기를 설치한다.

이곳의 어떤 한 사업자는 공유수면 점·사용허가를 취득한 기존 사업자를 인수하여 해상풍력 개발 사업을 추진하고 있었다. 기존 사업자는 아직 풍황계측기를 설치하지 않은 상태로, 풍력자원 조사결과 자료도 갖고 있지 않았다. 결국 이들 사이에 거래가 오간 상품은 풍황계측기를 설치하기 위한 공유수면 점·사용허가권, 그 자체라고 볼 수 있다.

아무리 자본주의 사회라지만, 어떻게 우리 모두의 공유 공간에 대한 권리를 사적 이익을 획득하기 위해 거래할 수 있는지 도무지 이해할 수 없었다. 물론 기존 사업자를 인수한 새로운 사업자의 입장에서는 행정관청으로부터 공유수면 점·사용허가를 취득하는 데 드는 시간을 절약했다고 볼 수 있고, 그만큼에 해당하는 비용을 지불하는 게 합리적이라고 판단할 수 있다.

기존 사업자와 새로운 사업자 사이에 얼마의 금액으로 매매가 이루어졌는지 확인할 수 없었지만, 과연 기존 사업자가 점·사용허가를 취득하는 데 드는 실제 비용만을 받았을까? "세상에 밑지는 장사 없다."라는 일반론을 적용해보면 분명히 '실비+a'의 금액이 오고갔을 가능성이 크다.

본래 풍황계측기 설치를 목적으로 공유수면 점·사용허가를 받은 사업자가 그 목적을 수행할 수 없었다면, 당연히 점·사용허가를 취소하는 게 맞다. 그럼에도 모종의 비용을 통한 거래행위가 있었다면, 그 비용만큼은 굳이 지불하지도 않아도 될 추가비용이라고 할 수 있기 때문에 총사업비는 더 늘어나게 되며, 발전단가는 올라가게 된다.

다른 지역에서도 해외투자자들이 기존의 해상풍력발전사업을 인수했다는 언론보도를 찾아볼 수 있는 것처럼, 이러한 사례들은 비단 이곳에서만 벌어지지 않았을 것이다. 각각의 사업들이 해상풍력단지 개발을 위한 수많은 인허가 단계 중 어느 정도까지 획득한 사업인지는 확인할 수 없지만, 아직까지 준공을 해서 운영을 하는 곳은 단 한 곳도 없다.

그러므로 실제로 이들이 돈을 받고 거래한 것은 물리적 실체로서 해상풍력발전단지가 아니라, 공유수면인 바다라는 공간과 그곳에서 불고 있는 바람이라는 자연에너지이다. 즉, 이들은 사적인 이윤획득을 위해 공유자원을 사유화하고 상품화했다.

사유화를 막아왔지만, 퇴행하는 제주의 공공개발 제도

대한민국 풍력발전 1번지인 제주에서도 10여 년 전에 이러한 사례가 발생했었다. 발전사업허가를 취득한 민간 개발업자가 최종

발전사업자에게 얼마간의 돈을 받고 허가권을 매각해버린 것이다. 그들이 거래한 것은 허가권이라는 종이 한 장이었지만, 실제로 거래한 것은 전력생산에 무료로 투입되는 원료로서 바람이라는 자연에너지의 기여로 만들어진 기대수익이었다.

이런 거래에서 판매자는 실제 소요비용보다 더 많은 금액을 얻어서 돈을 벌었고, 구매자 또한 해당하는 비용을 총사업비에 반영하였기에, 판매자와 구매자 그 누구도 손해를 보지 않았다. 그러나 이 모든 비용들은 발전원가에 포함된 채 전기요금에 전가되어 소비자인 국민들만 손해를 보는 구조를 만들었다.

나는 위와 같은 사례에서처럼, 최종적인 발전사업자도 아니면서, 초기의 몇 가지 인허가 단계를 거친 후 거기에 이른바 '프리미엄'을 얹은 채 허가권을 매매하는 행위는 우리 모두의 공유자원인 바람을 사유화하는 것이라고 보았다. 피에르 조제프 프루동의 표현을 빌리자면 "공유자원의 사유화는 도둑질이다."라고 말할 수 있다.

그래서 제주도 풍력자원 공유화운동을 통해 관련 제도 개선을 꾸준히 제안했고, 그 결과 제주도의회의 주도로 2013년 7월 10일 개정·공포된 "제주특별자치도 풍력발전 사업허가 및 지구지정 등에 관한 조례"에 제14조 4항이 다음과 같이 신설되었다.

"④도지사는 풍력자원의 공공적 관리를 위하여 예정발전사업자가 허가권만을 양수하거나 분할·합병할 경우 그 허가권을 취소할 수 있다. 〈신설 2013.7.10.〉"

이날 이후, 적어도 제주도에서는 민간 개발업자들이 입도선매 방식으로 새로운 풍력발전사업허가를 받는 시도들은 사그라들었다. 원희룡 도정 출범 이후인 2015년 10월 제주도는 '공공주도의 풍력개발 투자활성화 계획' 발표를 통해 도 산하 지방공기업인 제주에너지공사를 육·해상 풍력발전 사업시행예정자로 지정하여 앞으로 모든 풍력발전지구 지정 절차를 추진토록 하였다.

이에 따라 제주에너지공사는 주민공모를 통해 이해관계인의 동의서를 첨부한 유치신청을 받아 육상풍력지구 1개소, 해상풍력발전지구 3개소를 선정하여 현재 관련 사업을 지속적으로 추진하고 있다.

물론 "뛰는 놈 위에 나는 놈 있다."라는 속담처럼, 허가권을 매매하는 대신 아예 발전사업허가권을 보유한 업체의 지분을 인수해 버리는 방법을 통해 실질적으로 허가권을 매매하는 행위가 나타나기도 했지만, 기존 사업을 대상으로 했을 뿐 신규 사업은 공공주도 계획에 따라 제주에너지공사가 공공 개발자로서의 역할을 하고 있다.

안타깝게도 어떤 사유인지 구체적으로 명시하지 않은 채, 최근 제주도는 위 풍력조례 조항을 삭제하는 입법예고를 하였고, 조만간 제주도의회에서 심의를 할 예정이다. 군산시민발전주식회사처럼 주민들과의 재생에너지개발 이익 공유를 위해 다른 지역에서는 공공 개발자를 도입하거나 그 필요성을 검토하고 있는 마당에, 제주도는 이미 잘 만들어진 제도조차 없애버리려는 듯하다. "바람은 우리 모두의 것이다."라는 풍력자원의 공공적 관리 제도의 도입 취지와 배경을 다시 한번 숙고해 보기를 바란다.

〈프레시안〉, 2021년 10월 18일.

* 다행히 제주도에서 해당 조례 개정안을 철회하여, 위 조항은 현재도 유지되고 있다.

이윤추구를 뛰어넘는 공공정책
상상력이 필요하다

대한민국 풍력발전 1번지 제주도에서는 그동안 육상풍력의 부지 포화 및 환경영향으로 인해 바다에 설치하는 해상풍력을 10여 년 전부터 고민해왔다. 물론 육상풍력에 비해 해상풍력은 사업비가 더 많이 들고, 현재의 기술적 여건에서는 고정식으로만 가능하다 보니 수심 50미터 이내의 연안을 대상으로만 사업개발을 추진하고 있고, 부유식은 아직은 연구개발 단계에 있다.

그런데 최근 제주 근해에서 해외 민간자본이 대규모 해상풍력발전 개발사업을 준비하고 있다는 소식이 자주 들려온다. 추자도뿐 아니라 성산포 동쪽 배타적경제수역(EEZ)에도 풍황계측기 설치를 위한 공유수면 점·사용허가를 받거나 시도하고 있다고 한다. 특히 영해(12해리) 바깥의 배타적경제수역은 해양수산부 장관에게 허가

권이 있어서 지방자치단체의 권한도 없다.

요즘 탄소중립을 위해 이산화탄소를 내뿜는 화석연료가 아닌 새로운 에너지전달체로서 수소에 대한 관심이 커지고 있다. 기존의 산업공정에서 발생하는 부생수소 또는 천연가스(메탄)를 개질해서 만드는 그레이(grey) 수소가 아닌 재생가능에너지로 물분해를 통해 얻는 그린(green) 수소를 핵심적인 수소 생산방식으로 여기고 있다.

대량으로 생산하면 가격이 낮아지는 원리를 적용하면, '대규모 해상풍력발전을 통한 그린수소 생산'은 충분히 상상해볼 수 있는 사업이다. 지난해 10월, 정부가 확정 발표한 '2050 탄소중립시나리오'에 따르면, 2050년까지 수소 수요는 전환, 산업, 수송 등에 27.4~27.9백만 톤이 필요할 것으로 추정하였다. 이 중 80% 이상의 수소를 외국에서 수입하는 것으로 가정하였지만, "규제혁신과 기술개발을 통해서, 예를 들어서 부유식 해상풍력발전기를 대량으로 설치할 수 있다면, 수전해 수소의 국내생산을 대폭 확대할 수 있다."고 명시하였다.

이것은 '우리 바다에서 대규모 부유식 해상풍력발전을 통한 그린수소 생산'을 지금부터 준비해야 함을 의미한다. 3MW짜리 풍력발전기 10개를 설치하는 '탐라해상풍력발전'도 2006년 사업허가를 받고 2017년 준공까지 11년이 걸렸는데, 수천MW에 달하는 대규모 부유식 해상풍력발전은 인허가를 위한 자원 조사 및 기술개발 실증을 포함해 실제 건설로까지 이어지려면 최소 이보다는 더 걸릴 것이기 때문이다.

안타깝게도 지금 당장 사업성을 확보하지 못했다고 우리가 손을 놓고 있는 사이 해외자본은 우리 바다에 깃발을 꽂아 선점하고 있다. 이렇게 되면 훗날 기술개발이 성공하고, 경제성을 확보할 때가 오더라도 우리가 직접 설치할 공간은 이미 모두 빼앗겨 없을지도 모른다. 자연의 사유화는 무주공산을 선점한 독점적 이용과 타인의 이용을 배제하는 이윤추구를 위한 무한도전이다.

뒷북치기 대응은 의미 없다. 제도적 근거가 없다고 가만히 있을 것이 아니라, 앞으로의 방향 예측과 그에 따른 선도적 대응이 필요하다. 이미 10년 전에 카본프리 아일랜드를 선언했고, 해상풍력 2,000MW 개발 계획을 발표해놓고 왜 우리는 더 앞서 나가질 못할까? 상상하는 데 필요한 것은 돈이 아니라 상상력이다.

현재 제주특별법에 따른 '풍력자원의 공공적 관리'는 과거부터 시작해 현재 운영 중인 육상풍력 및 연안풍력을 대상으로 정책이 설계 집행되어 왔으나, EEZ 해상풍력과 바닷물을 이용한 그린수소 생산이라는 기술변화에 따라 새로운 도전에 직면해 있다.

제주의 바람과 바다는 누구를 위해 활용되어야 하고, 바다의 재생에너지자원 개발에 있어 지방정부의 역할과 권한은 어떻게 이루어져야 할지 치열하게 고민해야 한다. 2006년 법제화한 '지하수의 공공적 관리'에서 차용한 '풍력자원의 공공적 관리'는 2011년 법제화되었는데, 이제는 변화된 상황을 반영하여 바람에 이어 햇빛(태양광), 그리고 바다로까지 '자연자원의 공공적 관리'를 확대하고 이해관계자 간 협력모델을 구축하는 방향으로 제주특별법 개정을 준비해야 한다.

〈제주의소리〉, 2022년 9월 20일.

추자도 해상풍력과 제주특별자치도,
그리고 에너지분권 모델의 전국화

제주시 추자면 대규모 해상풍력 추진 논란

제주특별자치도 제주시 추자면 해상에 대규모 해상풍력발전사업이 진행되고 있었다. 몇 달 전 제주 언론에 관련 기사가 났었는데, 제주시는 이미 공유수면 점·사용허가까지 내준 상태였다. 2개 업체가 각각 1.5GW(1,500㎿)씩 세계 최대 규모의 해상풍력발전사업을 위해 이미 풍황계측기 설치를 완료하였고, 일부 주민들에게는 상생자금이라는 명목으로 돈을 줬다고 한다.

그런데 이에 반대하는 주민들이 나서서 기자회견을 하고 나서야 지역사회에서 관심을 갖기 시작한 것 같다. 강병삼 제주시장은 추자도로 현장방문을 하였고, 앞으로의 사업추진 절차에 필요한 추가적인 공유수면 점·사용허가 권한에 대해 적극 활용한다고 밝혔다.

한편 산업부 전기위원회는 전기사업허가와 관련하여, 제주특별법에 따라 육·해상 풍력발전 사업허가 권한을 이양받은 제주도지사에게 있다고 하였다. 이렇게 지난 2주간 벌어진 추자도 해상풍력발전사업을 둘러싼 논란을 보면서 의문과 함께 새로운 대안을 모색할 계기가 될 수도 있다는 생각이 들었다.

해상풍력 공유수면 점·사용허가, 부서 간 협의는 없었나?

먼저, 부서 간 칸막이 문제가 떠올랐다. 언론보도에 따르면 사업자가 제주시에 신청한 공유수면 점·사용허가의 목적이 '풍력발전사업을 위한 타당성 검토'였다고 한다. 그렇다면 이런 허가를 내주는게 타당한지 확인해봐야 한다. 왜냐하면 2015년 9월 제주특별자치도는 '공공주도의 풍력개발 투자활성화 계획'을 발표했고, 그에 따라 그해 10월에 제주에너지공사를 '육·해상 풍력발전 사업시행예정자'로 지정을 해서 에너지공사 주도로 향후의 모든 풍력사업을 관장하도록 했기 때문이다.

해상풍력발전사업을 위한 공유수면 점·사용허가 신청이 들어오면 담당부서는 에너지 부서 또는 제주에너지공사와 우선적으로 협의를 했어야 하는 것 아닌가? 어떤 협의가 있었는지 필자는 자료로 확인할 수 없지만, 공공주도 계획과는 다르게 민간사업자에게 해상풍력발전과 관련된 공유수면 점·사용허가를 내줬기 때문에 이 부분은 명백히 짚고 가야 한다. 도정의 핵심 정책이 행정시 단위까지 어떻게 유기적인 관계를 맺는지 확인할 수 있는 중요한 사건이라고 보기 때문이다.

행정체제의 효율적 운영을 목적으로 일부러 기초자치단체를 폐지해 특별자치도가 출범했고, 행정시장은 도지사가 임명한 지 16년이 흘렀다. '풍력자원의 공공적 관리'가 법제화된 지 11년이 지났고, 해상풍력 2GW 개발을 핵심으로 한 '카본프리 아일랜드 2030'를 선포한 지 10년이 되었으며, '공공주도 풍력개발 투자활성화계획'이 발표된 지 7년이 지났다.

그런데도 해상풍력발전을 위한 최초의 행정행위인 '공유수면 점·사용허가'가 도정의 에너지정책 방향과 엇박자를 보인 것은 특별자치도 체제에도 문제가 있음을 의미한다. 카본프리 아일랜드 실현과 풍력자원의 공공적 관리를 위해서는 지금부터라도 담당부서 및 기관 간 칸막이부터 없애고 유기적인 협조체제를 구축해야한다.

특별자치도 에너지분권 모델의 전국화 계기로 삼아야

오히려 이번 논란을 계기로 특별자치도의 에너지분권 모델을 전국화하는 계기로 삼았으면 한다. 해상풍력발전사업 추진을 위해서는 다양한 인허가 절차가 필요하다. 그중 우리나라에서 전기사업허가는 산업부 전기위원회가 하는데, 제주도는 제주특별법 제303조(전기사업에 관한 특례)에 따라, 중앙정부의 권한을 이양받은 제주도지사가 행사할 수 있다. 즉, 특별법 우선의 원칙에 따라 추자면 해상의 풍력발전사업에 대한 전기사업허가는 당연히 제주도지사가 행사하는 게 맞다.

지자체 관할 해상경계의 모호함이 있다고 하지만, 산업통상자원부 장관이 해상을 관할하는 것도 아니고, 해양공간계획법에 따른 해양공간관리계획 상의 '에너지개발구역' 지정도 전기사업허가와는 별도의 절차를 거쳐야 할 뿐만 아니라, 제주특별자치도지사는 전국에서 유일하게 3MW를 초과하는 풍력발전사업허가를 할 수 있는 지방자치단체의 장으로 다른 지자체 장들과 권한의 범위와 수준이 다르기 때문에, 전기사업허가와 해상관할구역을 굳이 결부시킬 필요는 없다.

다만, 제주특별법 해당 조항의 단서에 따라 '2만킬로와트(20MW)를 초과하는 풍력발전사업을 허가하는 경우에는 산업통상자원부장관과 협의하여야' 하는데, 제주도지사가 그동안 30MW 이상의 육상 풍력이나 100MW 이상의 한림해상풍력 전기사업허가를 내줄 때에도 이제껏 별다른 협의의견은 없었으며, 오히려 제주도는 전기사업허가 이전에 지구지정부터 받아야 하기 때문에 산업부의 협의의견보다 더 꼼꼼히 따져보는 선행절차를 거치고 있다.

제주도가 전기사업허가 절차와 연계하여 운영하는 사전입지 검토 절차인 '풍력발전지구 지정제도'는 그동안 벌어져왔던 민간사업자 위주의 풍력발전단지 개발과정에서 나타난 주민갈등, 환경훼손, 개발이익 사유화 및 외부유출 문제에 따른 대응을 제도화한 것이다. 일반적 기준 외에 전력계통, 주민수용성, 환경 및 경관, 문화재 등 다양한 기준을 충족하고, 도의회 동의를 거쳐야만이 지구지정을 받을 수 있다.

따라서 단순히 전기사업허가권이 산자부 장관에게 있는지, 아니면 제주도지사에게 있는지 여부에 관심을 두는 것보다는 지역적 특성을 반영한 에너지전환을 위해 중앙정부보다 제주도가 더 많은 노력을 스스로 기울여왔다는 점에 보다 중점을 두고, 성공적으로 정착시켜온 이런 제도를 이번 기회를 삼아 전국화시킬 수 있어야 한다.

그동안 전국적으로 벌어지고 있는 재생가능에너지 개발을 둘러싼 갈등이 지역주민의 의견수렴이 부족한 상태에서 산자부의 일방적인 전기사업허가로 인해 벌어진 것을 볼 때, 전기사업허가 과정에서 지자체와 주민의견을 수렴하는 방향으로 제도를 개선하는 것도 좋겠지만, 차제에 전기사업허가 권한 자체를 완전히 지방정부로 이양하는 것이 보다 더 민주적인 절차를 만들 수 있을 것이라 생각한다. 이미 제주특별자치도의 에너지분권 사례는 그 점을 명확히 보여주었으며, 풍력발전사업 추진과 관련하여 전기사업허가 권한 이외의 대부분의 인허가를 지자체장이 행사하는 점도 참고할 필요가 있다.

더 나아가 지자체장들이 갖고 있는 권한을 바탕으로 지역 간 에너지전환을 위한 협력모델을 함께 만들 수 있을 것이다. 해상풍력발전을 위해서는 기자재 적치와 조립을 위한 배후항만이 필요하기 때문에 전남지역 지자체와 연계하여 공동의 개발모델을 만든다면, 지방정부들이 협력하여 선도하는 새로운 에너지분권 및 전환 사례가 될 수도 있다.

<제주의소리>, 2022년 9월 6일.

제주도 공공주도 풍력계획은 후퇴하는가?

지난해(2021년) 마지막 날, 제주도는 탐라해상풍력발전 확장사업을 위해 필요한 '지구지정 변경계획'의 주민 열람공고를 했다. 탐라해상풍력발전은 2017년 준공한 국내 최초의 상업용 해상풍력발전으로 제주시 한경면 앞바다에 3MW 풍력발전기 10기를 설치해 운영을 하고 있는데, 여기에 4,000억 원을 투자해 8MW 풍력발전기 9개를 추가로 설치하는 확장사업을 진행하고 있다(현행 30MW + 신규 추가 72MW= 총102MW/19기).

기존에 지정된 풍력발전단지 면적이 10% 이상 증가할 경우, 관련 제주도 조례 및 고시에 따라 20일 이상 사업예정지역 주민 또는 이해관계인 등이 알 수 있도록 열람하고 의견수렴을 받은 후, 풍력발전사업심의위원회의 심의와 도의회의 동의를 거쳐야 한다. 이번 열람공고는 여기에 따른 행위이다.

해양환경단체 '핫핑크돌핀스'는 1월 20일, 이 사업으로 인해 "제주 연안에 1년 내내 정착해 살아가는 남방큰돌고래들의 이동통로가 완전히 끊어지게 될 것이고, 이에 따라 남방큰돌고래들은 이동이 가로막히거나 또는 발전기들을 피해 매우 먼 거리를 돌아가야 해서 서식환경이 악화할 것으로 예상된다."면서, "돌고래 쫓아내는 탐라해상풍력 확장사업을 반대한다."는 성명을 발표했다.

해상풍력발전단지 개발은 서식지와 이동경로로 바다공간을 점유하고 있던 해양포유류에 부정적 영향을 줄 수 있다. 뿐만 아니라 계획안을 훑어보니 개발이익 공유화에 대한 구체적 내용도 없다. 계획대로 사업이 추진될 경우 한림에서 한경, 그리고 대정까지 제주 서부 해안은 외지 대자본 위주의 대규모 해상풍력발전단지로 둘러싸이고 말 것이다.

결국 제주도정이 발표하여 추진해온 공공주도 풍력개발 계획의 실상은 민간자본을 위한 위장전술일 뿐이었나 하는 의문이 들었다.

공공주도 풍력개발계획은 어디로 갔나?

2015년 9월 원희룡 도정은 '공공주도의 풍력개발 투자활성화 계

획'을 발표했다. 계획에 따르면 김태환 도정에서 허가받은 탐라해
상(30㎿)과 우근민 도정에서 업무협약을 체결해 시범사업으로 추진
하던 한림해상(100㎿) 및 대정해상(168㎿)을 제외하고(30㎿ + 100㎿ +
168㎿ = 298㎿), 1단계로 2022년까지 702㎿에 대한 해상풍력개발은
'공공주도 사업시행예정자'로 지정된 제주에너지공사가 하기로 돼
있었다(1단계 총보급목표 1,000㎿ - 기존 추진 중 298㎿ = 702㎿). 즉, 제주에
너지공사 설립 전의 시범사업을 제외하고는 전부 에너지공사 주도
로 개발사업의 초기 절차를 이행하는 계획이었다.

당시 계획에 따르면 "풍력의 공공적 관리를 위해 공기업인 제주
에너지공사를 사업시행 예정자로 지정하여 개발후보지 선정 및 사
회수용성문제를 해결"하고, "지구지정 및 인허가절차 완료 후, 경
쟁에 의한 풍력발전 민간 참여사업자 선정, 풍력발전 공동개발 추
진"을 한다고 했다.

이에 따라 2018년 9월 제주도 풍력조례에 근거해 수립된 '제주특
별자치도 제2차 풍력발전종합관리계획' 상의 '제주도 육·해상 풍력
발전단지 보급목표'를 보면, 해상풍력의 경우 2022년까지 총 450
㎿의 보급계획이 있고, 이는 기존 한림해상 100㎿와 대정해상 100
㎿에 더해 제주에너지공사의 공공주도 해상풍력(한동평대 105㎿ + 월
정행원 125㎿)과 정부지원 강정해상 20㎿뿐이다.

그런데 이번 탐라해상풍력 확장공고는 사업시행 예정자인 제주

에너지공사가 아니라 기존 사업자인 탐라해상풍력발전이 '지구지정 변경방식'으로 관련 법정계획에도 포함되지 않았던 72MW 규모의 신규 해상풍력발전사업을 추진하고 있는 것이다.

제주에너지공사가 수행해야 할 개발용량을 그저 인근에 위치해 있다는 이유로 민간사업자가 공정한 경쟁도 없이 기존 운영규모보다 2배 이상의 개발사업을 '수의계약'처럼 추진하는 것이 과연 '풍력자원의 공공적 관리'에 부합하는 것인지, 기존에 제주도가 발표한 공공주도 풍력개발정책과 정합성이 있는지 의문이 든다.

제주에너지공사 그동안 무엇 했는가?

공고문에 첨부된 '지구지정 변경안'에 나온 사업추진 준비현황표를 보더라도, 사업자인 탐라해상풍력은 인근 지역 주민, 제주도청, 해양수산부 등과 협의를 한 내용은 있지만 '공공주도 사업시행예정자'인 제주에너지공사와 무엇을 했는지에 관한 기록은 없었다.

다만 "사업시행과 관련 제주에너지공사 참여와 관련하여 금융약정 전에 제주에너지공사의 역할과 지분참여 방안에 대해 적극적으로 검토예정임"이라고만 적혀있을 뿐이다. 검토결과를 보여줘야 하는데 검토예정이라고 하면, 아직까지 검토를 안 했다는 것인가?

안타깝지만 제주에너지공사가 '공공주도 사업시행예정자'로 지정받은 지난 2015년부터 7년간 무엇을 했는지를 보면 그럴 만도 했다. 2022년까지 702㎿에 대한 독점적 해상풍력개발권을 쥐었지만, 2015년 11월 공모를 해서 2016년 1월 선정·발표한 육상 1개, 해상 3개 등 4개의 후보지 중 3곳은 기존 민간사업자와의 관계 지속, 주민 민원 및 환경문제 등 다양한 사유로 사업추진이 지연되었다.

현재는 105㎿ 규모의 한동·평대 해상풍력발전사업에 대한 지구지정과 환경영향평가 심의를 완료했을 뿐이고, 월정·행원(125㎿)과 표선·세화2·하천(135㎿)은 지구지정 계획 수립을 준비하고 있거나 그마저도 시작하지 못한 상태로, 나머지 잔여용량 337㎿에 대한 개발계획은 어디서도 찾아볼 수 없다.

공공주도 풍력개발계획을 발표했을 당시에도, 실제 해상풍력사업에 대한 인허가·건설·운영을 해본 경험이 없는 제주에너지공사가 어떻게 제대로 추진할 것인지에 대한 회의적 시각은 있었다. 그래서 제주도내에서 진행 중이던 탐라/한림/대정 등 기존 해상풍력발전사업에 참여하는 방법(지분투자, 직원파견 등)으로 경험을 쌓고, 신규 사업에 나설 수 있는 역량을 강화해야 한다는 설득력 있는 지적이 꽤 있었다.

실제로 그럴 수 있는 기회도 있었다고 본다. 탐라/한림/대정해상풍력 모두 그간 지분변동을 통해 실제 투자한 사업자들의 변화가 있었다. 탐라해상풍력은 '두산중공업'과 함께 최초 주주였던 '포스코에너지'가 빠져나간 대신 한국전력의 발전자회사인 '한국남동발전'이 주식을 인수했다. 대정해상풍력은 법정소송과 중재를 통해 '삼성중공업'의 지분 일부가 두산중공업 등으로 주주가 바뀌었다. 한림해상풍력도 최근 EPC를 맡기로 했던 '대림건설'이 나간 대신 '현대건설'이 들어왔다.

이러한 지분변동은 2012년 7월 제주에너지공사 출범 이후 있었던 일들이고, 기존 사업자들도 제주에너지공사에 사업참여 관련 의향을 전달한 적이 있었다고 들은 바도 있다. 에너지공사와 제주도가 이러한 제안에 대해 구체적으로 어떤 판단을 했는지는 모르겠으나 실제로는 기존 사업에 어떠한 형태로든 아무런 참여도 하지 않았다.

거꾸로 생각해보면 사업자가 굳이 제안을 하지 않았더라도 인허가권자인 제주도가 나서서 에너지공사의 역량강화를 위해 기존 사업자에게 요청을 할 수는 없었을까 하는 아쉬움이 남는다.

보다 공공성을 강화할 수 있도록 노력해야

올해 말이면 2015년 10월 제주도지사가 지정한 제주에너지공사의 '공공주도 풍력발전 사업시행예정자' 지위는 종료된다. 기한을 연장해서 계속 지위를 유지할 것인지, 아니면 제주에너지공사 설립 전처럼, 민간사업자가 마음대로 개발할 수 있도록 내버려둘 것인지는 차기 도정의 몫으로 남겨졌다.

해상풍력발전 추진을 통한 카본프리 아일랜드 실현을 위해 설립된 전국 최초의 지방에너지공기업인 제주에너지공사가 지난 7년간 보여준 모습은 자랑스러운 면보다는 실망스럽고 부족한 측면이 더 크다. 그렇다면 공공주도 사업시행예정자 지위를 폐기해야 하는가? 나는 단연코 아니라고 본다. 오히려 현재 법률적 근거가 미흡한 사업시행예정자 지위를 보다 더 강화하고, 도민의 기대에 부응하도록 역량강화 노력을 더욱 가열차게 해야 한다고 생각한다.

왜냐하면 "도지사는 제주도에 부존하는 풍력자원을 공공의 자원으로 관리하여야 하고, 풍력자원을 활용한 개발사업을 통해 얻는 이익을 도민들이 향유할 수 있도록 노력하여야 한다."는 것이 제주 도지사의 법률적 책무이기 때문이다.

또한 최근 몇몇 육지 사례에서는 사업개발권을 서로 매매하면서 업자들은 이익을 챙기고 있는데, 정작 지역으로의 개발이익 환원은 찾아볼 수 없어 오히려 '공공 개발자'의 필요성이 대두되고 있다. 따라서 이미 공공성 증진을 위해 '지구 지정제도'와 '공공주도 사업시행예정자'를 도입한 제주도는 그 제도를 강화하면 될 일이지, 집행과정에서 나타난 몇 가지 문제점으로 제도 자체를 없애버려서는 안 된다.

올해는 제주도가 카본프리 아일랜드를 선포한 지 10년이 되는 해이면서(2012년 5월 2일), 핵심사업인 해상풍력발전을 추진하기 위해 제주에너지공사가 출범한 지 10주년이 되는 해다(2012년 7월 4일). 2030년 카본프리 아일랜드 달성을 위해 제주도와 제주에너지공사는 올해 무엇을 해야 할지 진지하게 되짚어볼 때이다.

〈제주의소리〉, 2022년 1월 30일.

대한민국 풍력발전이
가야 할 길은 공유화

올해는 지방자치제 부활 30년을 맞는 뜻깊은 해다. 1961년 5·16 쿠데타로 지방의회가 강제해산되었다가 민주항쟁 이후인 1991년 지방선거를 통해 다시 개원하였다. 이를 맞이하여 지난 달, 제주특별자치도의회는 '제주도민의 삶을 바꾼 조례 50선'을 선정해 발표했다.

올해 1월 기준 제주특별자치도에 적용되는 자치법규인 조례는 총 1,006건에 달하는데, 그중 50개를 내·외부 전문가 9명으로 구성된 선정위원회에서 결정하였다. 선정 기준은 전국 최초 제정 여부를 보는 '독창성과 선도성', 도민 관심도 및 조례의 목적 달성 여부를 보는 '도민사회 파급력', 상위법령에 따른 적법성을 보는 '완성도', 그리고 정책 실효성을 판단하는 '지속성'으로 크게 4가지였다.

이를 통해 4·3희생자 추념일의 지방공휴일 지정 조례, 제주어 보전 및 육성 조례, 해녀문화 보존 및 전승 조례, 곶자왈 보전 및 관리 조례 등 제주도 역사·문화·자연의 독특함을 풍부하게 보여주는 조례들이 선정되었다. 특히 에너지 관련 조례는 에너지 기본조례, 풍력발전 사업허가 및 지구지정 조례 등 8개가 있는데 그중 '제주특별자치도 풍력자원 공유화기금 조례'가 유일하게 포함되었다.

제주도 풍력자원 공유화기금은 제주도민의 공공자원인 풍력자원을 개발한 이익을 도민들에게 환원하여 지역에너지 자립과 에너지 복지사업에 기여할 목적으로 2016년 7월 제주도의회가 의원발의를 통해 제정한 조례를 근거로 2017년 설치되었다.

대한민국 풍력발전 1번지, 제주

2020년 한 해 동안, 제주도 전체 전력공급의 16.2%를 295메가와트(MW)의 육·해상 풍력발전과 448MW의 태양광발전 등 재생에너지로 생산했다. 제주도는 2030년까지 육해상 풍력발전 2,345MW와 태양광발전 1,411MW 등을 설치하여 도내 전력공급의 100%를 재생에너지로 전환하는 카본프리 아일랜드(Carbon Free Island) 정책을 꾸준히 추진하고 있다.

탐라국 개국 이래 지난 수천 년 동안 제주도민의 삶 속에서 바람은 고난과 역경의 상징이었다. 억센 바람으로 인해 짧고 굵은 특징을 지닌 제주어, 집 마당에 들이치는 외풍의 직접적인 영향을 막기 위한 꼬부랑한 올레 등 제주문화의 기본 바탕은 바람의 강한 영향으로 형성되었다.

삼다도(三多島)라는 특징을 기반으로 1975년, 독립형 소형풍력발전기가 우리나라에서 최초로 가동되었고, 1990년대 초까지 국가 주도뿐 아니라 제주도 차원에서의 연구개발이 지속적으로 진행되었다. 그리고 1990년대 후반 제주도가 직접 개발한 제주시 구좌읍 행원풍력발전을 통해 우리나라 최초의 상업용·단지용 풍력발전이 시작되면서 현재와 같은 형태의 풍력발전 개발사업이 본격화되었다.

2000년대 초반 들어 민간 상업용 풍력발전단지 건설이 제주도내 곳곳으로 확대되기 시작하자, 인근 마을 주민들과 토지주들은 소음과 경관 피해를 주장하며 전도적인 반대운동에 나서기도 했고, 실제 한 민간풍력발전사업자는 획득한 사업허가를 포기하였다.

풍력자원 공유화운동의 전략과 법제화

이렇게 풍력발전단지 건설을 둘러싼 갈등이 극단으로 치달을 때, 제주환경운동연합 등 도내 환경단체는 단순히 표면적으로 나타난 사회갈등의 한쪽 편에 서 있기보다는 에너지전환을 위해 지역의 자연에너지자원을 공유화하자는 대안을 제시했다. 제주도민에게 고난과 역경의 상징이었던 바람이 민간 풍력발전사업자에게는 수익을 가져다주는 공짜 연료가 되었다는 역사·문화·생태적 불평등을 주장하며 2가지 전략을 제안했다.

제주도 풍력자원 공유화운동의 전략은 이미 시행 중이었던 '지하수의 공공적 관리'에서 차용하여 ①먹는샘물 '삼다수'처럼 제주도가 소유한 지방공기업이 지역의 자연자원을 독점 개발하여 그 이익을 도민에게 환원하는 것과 함께, ②이미 가동·운영 중이거나 예정인 민간풍력발전사업자로부터 일정한 금액의 바람자원 사용료를 받는 것이었다.

2011년 5월, 제주특별자치도 특별법이 개정되면서 "전기사업에 관한 특례" 및 "풍력자원의 공공적 관리"가 법제화되었다. 산업부장관이 갖고 있던 육·해상 풍력발전사업 허가권한이 제주도지사로 이양되었고, 제주도지사는 풍력자원을 공공의 자원으로 관리하여야 하며, 체계적인 개발과 활성화를 위해 풍력발전지구를 지정할 수 있도록 하였다. 이를 근거로 그해 12월, "도지사는 풍력자원을 활용한 개발사업을 통해 얻는 이익을 도민들이 향유할 수 있도록 노력하여야 한다."는 책무가 담긴 풍력발전 사업허가 및 지구

지정 조례가 제정되었다.

풍력자원 공유화기금 조례의 제정

'풍력자원의 공공적 관리'가 법제화되었음에도 불구하고, 우근민 제주도정은 설립을 준비하고 있던 지방공기업인 제주에너지공사가 아니라, 민간자본에 의한 육상풍력발전지구 개발사업을 추진하였다. 풍력자원의 사유화가 가속화될 것이라고 보았던 환경단체는 이에 대항하여 풍력자원 공유화운동을 가열차게 전개하였고, 지역 언론과 도의회의 협력과 지원을 이끌어 내었다. 그 결과, 2013년부터 제주도와 민간풍력발전사업자 간에 개발이익 공유화 약정이 체결되었다.

풍력발전 사업허가 및 지구지정 조례가 개정되어, 사업자는 풍력발전지구 지정일로부터 6개월 이내에 개발이익공유화계획을 제주도에 제출하도록 하였다. 이를 근거로 하여 사업자의 기부 사항을 약정서에 담았으며, 각 사업자마다 약정내용은 조금씩 다르지만 추정 매출액의 7%를 기부하되, 발전사업 초기에는 대출금 상환을 우선 해야 하므로 연간 2억 원씩 낸 후, 3년마다 회계자료를 제출하여 검증하기로 했다.

허가를 받은 풍력단지들은 2015년부터 하나둘씩 준공을 하여 가동·운영을 시작하였다. 즉, 전력판매에 따라 사업자의 현금흐름이 발생하였고, 공유화약정에 따른 금액을 사업자가 제주도에 "자발적으로 기부"해야 할 시점이 도래한 것이었다. 운동단체는 기부금이 일반회계로 편입되면 그 의미를 살리지 못할 것이라면서, 별도의 독립적인 기금으로 조성하여 지역에너지전환을 위한 종잣돈으로 사용해야 한다고 주장했다.

제주도의회는 이미 공풍화(共風化) 운동의 주장을 받아들여 2013년, 풍력발전 사업허가 및 지구 지정 조례를 개정한 적이 있다. 그런데 이에 대해 도지사의 재의 요구가 있어 도의회 의장이 직접 공포하였고, 다시 도지사가 권한쟁의소송으로 훼방을 놓자 2014년 12월 대법원에서 최종 승소판결을 얻어낸 경험이 있었다. 이러한 맥락의 연장선에서 2016년 5월, 제주도의회는 '제주특별자치도 신재생에너지기금 조례'를 의원발의하였고, 공개토론회를 거쳐 두 달 뒤, 기금의 재원출처를 보다 분명히 한 명칭인 "제주특별자치도 풍력자원 공유화기금 조례"를 제정하였다.

풍력자원 공유화기금의 운영평가

2017년부터 설치된 풍력자원 공유화기금은 2020년까지 4년 동안 약 190억 6천만 원을 조성하였다. 세입의 절반인 96억 원은 제주도가 직영하고 있는 풍력발전실증단지와 연안풍력발전의 전력 판매금액이었고, 약정에 따라 풍력발전사업자가 낸 기부금은 약 69억 원으로 전체 기금조성액의 36%에 그쳤을 뿐 아니라, 그마저도 제주도가 소유한 지방공기업인 제주에너지공사의 기부금이 23억 5천만 원에 달해, 실제 민간풍력발전사업자가 낸 금액은 전체 기금의 20% 정도인 약 40억 원에 불과했다.

한편 같은 기간, 기금 사용액은 149억 원으로 전체 기금 조성액의 약 78%를 지출했다. 기금 설립 후 구성된 공유화기금 운용심의위원회에서는 특별회계가 아닌 기금이라는 의미를 살리기 위해 '절반 사용과 절반 적립'이라는 원칙을 제안했는데, 결국 제주도는 그 제안을 받아들이지 않았고, 막대한 자금이 필요한 해상풍력사업의 주도권을 쥐기 어려운 처지에 놓이게 되었다.

특히 기금 사용액 중 대부분인 약 101억 원을 태양광발전 보급사업으로 지출했는데(51억 원은 주택, 50억 원은 공공시설), 결과적으로 최근 들어 급증하고 있는 풍력발전 출력제한에 기여한 꼴이 되어버려 오히려 풍력발전사업자로부터 거센 비난을 받는 결과를 초래하였다. 제주는 전력소비가 적은 봄·가을철, 태양광발전이 가동되는 낮 시간의 전력생산량이 소비량보다 많아 안정적 전력계통 유지를 위해 전력거래소의 요청에 따라 풍력발전에 대한 출력제한을 실시하고 있다.

어렵사리 만들어 놓은 기금의 운영현황이 다소 아쉽기는 하지만, 그럼에도 제주도 풍력자원 공유화기금은 에너지정책연구사업, 에너지백서 발간, 취약계층 에너지복지 지원, 풍력발전 종사자 교육지원 등 지역에너지전환을 위한 종잣돈으로서 역할을 하기 위해 노력했다.

제주 풍력자원 공유화기금의 의미와 과제

최근 들어 제주와 같은 지역에너지전환기금 또는 재생에너지 개발이익 공유화 사례들이 국내의 다른 지역에도 운영되고 있거나, 제도적 근거들이 마련되고 있다. 그러나 제주도 풍력자원 공유화기금은 다른 에너지원에 비해 아직도 비싸다고 여겨지는 재생에너지 개발사업의 이익만으로 기금을 조성하였을 뿐 아니라, 돈이 없어 투자하지 못하는 사람들도 기금의 수혜를 받을 수 있다는 점에서 다른 지역과 차별화되는 독특한 특징을 보여준다.

제주도 풍력자원 공유화기금은 수익 추구만을 우선하는 외지 자본에 의한 지역 자연에너지자원의 사유화에 맞서, 지역 에너지전환을 위한 종잣돈으로 만들기 위해 투쟁한 사회운동의 제도적 결과이다. 개발사업자들이 지역주민 동의를 얻기 위해 관행적·음성적으로 뒷돈을 건네는 행위는 여전하지만, 제주도 풍력자원 공유화기금은 그러한 '검은 뒷돈'을 '깨끗한 앞 돈'으로 드러내도록 하여 투명하고 공정하게 사업을 추진하도록 한 장치이며, 소수의 호주머니가 아니라 우리 모두를 위해 사용하도록 하여 지역사회 전체의 수용성 증진을 위한 목적으로 기획되었다.

그러나 최근 제주도내 전력거래단가의 하락 및 출력제한의 확대로 인해 풍력발전사업자들의 매출액이 감소하고 있으며, 그로 인해 공유화기금에 납부하는 기부금 규모도 축소되고 있다. 또한 조세법률주의에 따라 상위법령에 기금의 부과 및 징수의 근거가 없는 '자발적인 기부금'이라는 한계로 인해 충분한 수익을 얻었으면서 개발이익을 환원하지 않는 사업자가 아직도 풍력단지를 운영 중에 있고, 풍력자원 공유화기금의 존재를 모르는 도민들도 많다.

따라서 사업자 수익구조 개선, 기금 부과 및 징수에 대한 법적 근거 마련, 기금에 대한 대도민 홍보 강화 등 개선해야 할 과제가 많다. 특히 제주도 풍력자원 공유화기금은 지역 에너지전환을 위해 지역 사회문제에서 해결의 실마리를 발견하여 지역적으로 제도화시킨 지역의 소중한 정책 자산이기도 하다. 이제는 국가 에너지전환을 위해 이러한 사례가 전국으로 확장될 수 있도록 중앙정부의 적극적인 사례 연구와 체계적인 지원이 필요한 시점이다.

〈프레시안〉, 2021년 8월 6일.

제주도 풍력자원 공유화기금,
전국적으로 확대돼야

올해(2017년)부터 제주도에서도 베란다 미니 태양광 발전기를 설치하는 데 보조금을 지급한다. 2014년부터 서울시가 에너지 절감 대책인 '원전 하나 줄이기'의 일환으로 본격적으로 시행한 사업이 전국적으로 확산되고 있었지만, 3년이 지나는 동안 제주도는 조그만 관심도 주지 않았다. 2030년까지 카본프리 아일랜드를 달성하겠다면서 대규모 육·해상 풍력발전과 전기자동차 보급 위주의 에너지 정책을 펼치면서, 적은 비용으로 시민들이 직접 에너지 생산에 참여하는 것은 도외시했기 때문이다.

그래서 시민사회단체와 제주도의회가 중심이 되어 풍력발전을 통해 벌어들인 수입을 지역 에너지 자립에 사용하도록 지난해 7월 '제주특별자치도 풍력자원 공유화기금 조례'를 제정하였다. 올해 처음으로 편성된 풍력자원 공유화기금의 규모는 49억 원으로, 24억 원을 지출할 예정이다. 그중 16억 6천만 원을 들여 베란다 미니 태양광 발전기뿐 아니라, 공동주택과 단독 주택 옥상의 태양광 발전 설치비의 일부를 보조해 주기로 했다. 나머지 25억 원은 예치금으로 두기로 했다. 돈을 다 써 버리면 '기금'이라는 의미가 퇴색될 뿐만 아니라, 앞으로 기금 규모를 더 늘리기 위한 목적도 있기 때문이다.

제주도민들의 에너지 생산에 보조되는 이 예산은 중앙정부의 지원금 한 푼 없이 전액 제주도가 조성한 '풍력자원 공유화기금'에서 지출된다. 풍력자원 공유화기금은 제주도가 소유한 재생가능에너지 발전시설의 수입과 함께 제주도민 모두의 자원인 바람을 활용하는 풍력발전사업자의 개발이익 일부를 기부금으로 받아서, 지역 에너지자립과 에너지복지 활성화에 사용하기 위해 올해 처음 전국 최초로 마련되었다.

이렇게 제주도에서 사실상의 지역에너지기금을 조성하고 운영하기까지 지난 10년 동안 꾸준하게 진행된 '풍력자원 공유화운동'이 있었다. 바람의 섬으로 널리 알려진 제주도는 1970년대부터 풍력발전에 대한 연구개발이 시작되었고, 1990년대 후반부터는 상업용 풍력발전을 가동하기 시작했다.

그런데 2000년대 중반에 민간사업자 위주의 풍력발전사업 추진으로 인근 토지주들과 매우 심각한 갈등이 발생하였고, 결국 풍력 발전 사업허가가 취소되기까지 했다. 그렇기에 이러한 갈등 해소와 동시에, 지역에 부존하고 있는 풍력에너지를 활용하여 기후변화와 화석연료 고갈에 대응하는 지역자립 에너지체제를 구축하기 위해 '자연에너지 자원의 공유화'를 주장하였다.

풍력자원 공유화의 핵심 전략은 지방에너지공기업 설립과 풍력자원 사용료 징수를 통한 지역에너지기금 조성이었다. 먹는샘물 '삼다수'를 생산하는 제주특별자치도개발공사의 사례와 우고 차베스 정권이 추진한 베네수엘라의 석유산업 국유화를 통한 사회경제 발전기금 정책 등에서 차용하였다.

결국 지난 10년간의 꾸준한 활동을 통해 지역 에너지정책에 상당한 영향을 끼칠 수 있었다. 2012년 제주에너지공사라는 전국 최초의 지방에너지공기업이 설립되어 매년 10억 원씩 풍력발전 개발이익의 일부를 저소득층 전기료 지원 사업과 그린홈 태양광발전 보급사업에 추가지원을 하고 있다. 또한 신규로 허가를 받은 민간 사업자는 제주에너지공사와 합동개발을 하지 않는 조건으로 제주도에 기부금을 내기로 약정을 맺었고, 그러한 기부금이 작년부터 들어오기 시작해 '풍력자원 공유화기금'으로 조성한 것이다.

하지만 지역적 맥락에서 독특하게 제시된 '풍력자원 공유화'는 중앙정부와 산업계의 지속적인 문제제기로 인해 어려움을 겪고 있다. 이들은 "풍력발전 사업자가 가져갈 이익을 제주도민들에게 공유화하는 것은 사업자에게 부담을 주는 과도한 규제이기 때문에 폐지해야 한다."고 꾸준히 주장하고 있다.

그런데 이런 주장은 전혀 사실이 아니다. 풍력과 태양광 같은 재생가능에너지원은 원료의 비용 자체가 없는 공짜이고, 전력생산비용이 그리드패리티를 달성했기 때문에 다른 발전원에 비해 수익이 결코 작지 않다. 특히 제주도의 풍력자원 공유화 사례는 무주물(無主物)이었던 자연을 경제적으로 이용한 최초의 사용자가 그 기여도를 무상으로 획득한 것에 대한 문제제기였다.

즉, 제주도의 바람은 태초에 그 누구의 것도 아니었기에, 민간 풍력발전사업자가 등장하여 자연의 가치를 무상으로 이용하는 것은 역사적으로 바람과 제주문화의 밀접한 관계를 볼 때 정당하지 못한 것이라 여겨졌고, 그래서 제주도민들이 우선적으로 이용을 할수 있는 권리를 지역민들 스스로 주장하는 것이었다. 또한 단순히 제주도민들만을 위한 사용이 아니라, 궁극적으로 풍력발전의 확대를 통해 화석연료를 감축해 나간다면 그만큼 지구환경의 지속가능성에도 긍정적 영향을 줄 것이다.

이런 점에서 볼 때 업자의 이익만을 우선하여 대변하는 중앙정부와 산업협회 등은 그들의 이윤창출을 위해 자연을 사유화·상품화하면서 환경보전이라는 수식어를 동원하는 집단들일지 모른다. 국내 산업육성에 방점을 둬야 할 산업부가 외국산 발전기를 수입해 사용하는 발전사들의 이익을 옹호하는 데 앞장서는 태도도 생각해봐야 할 문제 중 하나다.

그들의 이러저러한 압력행사에도 불구하고 제주도민들은 지난 10년간에 걸쳐 이룩한 풍력자원 공유화운동의 성과를 지키기 위해 노력하고 있다. 앞으로 제주도 풍력자원 공유화 사례는 제주도에서만 그칠 것이 아니라, 다른 지역에도 더욱 널리 퍼져야 한다. 지역에 부존하고 있는 재생가능에너지원을 개발한 이익이 외부로 유출되기보다는 지역의 에너지자립을 위해 사용된다면 지금과 같은 중앙집중형 대규모 공급 위주의 에너지체제가 발생시키는 여러 가지 문제들을 조금이나마 해소하는 데 도움을 줄 수 있기 때문이다.

그동안 중앙집권형 발전국가인 대한민국에서 지역은 자치를 위한 충분한 권한과 예산이 항상 부족했다. '특별자치도'라는 새로운 자치 실험을 하고 있는 제주도는 풍력발전 사업허가 권한을 이양받아 지역적 특성을 반영한 에너지 정책을 추진하고 있으며, 그에 필요한 예산도 스스로 조성하고 있다. 이 경험을 다른 지역에서도 공유할 수 있다면 에너지체제 전환은 보다 앞당겨질 수 있을 것이다.

〈프레시안〉, 2017년 3월 17일.

제주도 풍력발전지구 지정 제도,
성과와 과제

　문재인 정부의 환경에너지정책은 탈석탄·탈원전을 기본방향으로 하고 있으며, 2030년까지 재생가능에너지 전력보급율을 20%로 높이려는 이른바 '3020'정책을 추진하고 있다. 이러한 목표 달성을 위해서는 여러 가지 준비를 철저히 해야 한다. 그동안 망가졌던 재생가능에너지 산업의 공급망 및 설비인프라를 복구해야 함과 동시에 재생가능에너지를 설치할 입지분석과 평가도 해야 한다.

　특히 입지분석과 평가는 자원분포와 환경영향에 대한 조사에 오랜 시간이 걸리기 때문에 과거의 사례를 바탕으로 제도개선을 통해 효과적인 정책을 마련해야 한다. 그런 점에서 제주도에서 시행하고 있는 '풍력발전지구 지정 제도'는 재생가능에너지 설비의 적절한 입지 선정에 도움을 주고 있다.

제주도에는 육지와는 달리 '풍력발전지구 지정 제도'가 있다. 원칙적으로 풍력발전지구로 지정된 곳에서만 풍력발전에 대한 전기사업 허가를 받을 수 있다. 예전에는 전기사업 허가로서 풍력발전사업에 대한 허가를 해줬다.

그런데 전기사업 허가는 (지금도 그렇지만) 사업자의 재무성과 기술력만 보고 허가를 내주기 때문에, 환경과 경관, 주민수용성의 문제를 제대로 검토하지 않는다. 이로 인해 10여 년 전 제주도에서는 풍력발전단지 건설을 둘러싼 갈등이 많이 나타났다. 결국 한 사업자는 스스로 사업 허가를 취소해달라고도 했다. 이후 지역 사회에서는 풍력자원이 많은 곳과 환경영향이 적은 곳, 그리고 주민들의 수용성이 높은 곳을 종합적으로 고려해서 입지를 결정할 수 있는 '풍력발전지구' 지정 제도를 도입해야 한다는 여론이 있었다.

이에 따라 2011년 5월, 제주특별자치도 특별법 개정(4단계 제도개선)을 통해 '풍력발전지구 지정'에 대한 법률적 근거를 확보하였고, 그해 10월 '풍력발전 사업허가 및 지구지정 등에 관한 조례'를 제정하였으며, 12월에는 세부적인 사항을 고시하였다.

풍력발전지구는 기본적으로 난개발 방지와 풍력자원의 보호를 위한 만들어진 제도다. 제주도의 주요 산업은 아름다운 자연환경과 경관을 바탕으로 한 관광업이다. 그런데 아무데나 풍력발전기를 설치한다면 제주도 고유의 경관미와 환경이 훼손될 수 있다. 또한 풍력자원의 질이 좋지만 해당 부지에 선행하는 개발사업이 있다면 좋은 질의 풍력자원을 에너지 개발에 활용할 수 없다는 점도 고려하였다.

이러한 배경에서 육상풍력발전지구는 단지용량 20㎿ 이상, 단지 이용율 20% 이상을, 해상풍력발전지구는 단지용량 100㎿ 이상,[1] 단지 이용율 30% 이상을 지구 지정 기준으로 설정하였다. 더욱이 경관관리 조례에 따라 오름 및 주요도로로부터 1.2㎞ 이내에는 시설물의 높이가 오름 비고의 1/3을 넘을 수 없음에 따라, 사실상 풍력발전기 설치가 금지되는 기준으로도 적용받고 있다. 여기에 더해 풍력발전지구 지정 신청 서류에는 '마을회 회의록이나 주민호응도를 확인할 수 있는 서류'를 제출하도록 함에 따라 대부분은 마을 총회 회의록을 제출하고 있으며, 해상풍력은 이해당사자인 어촌계 회의록도 첨부하고 있다.

특히 제주도지사가 사업자로부터 제출받은 서류를 검토한 후 풍력발전지구로 지정하는 고시를 하기 전에 반드시 거쳐야 하는 절차로 '도의회 동의'가 있다. 풍력발전사업도 수백억 원에서 수천억 원이 소요되는 초대형 개발사업이기 때문에 골프장 같은 관광개발사업처럼 부정부패와 비리가 끊임없이 제기되었고, 환경영향과 주민갈등이 발생하는 현안이다.

이미 제주도에서는 환경영향평가 협의내용과 지하수영향평가

협의내용에 대한 도의회 동의절차가 있으며, 이러한 과정을 통해 제주도지사의 개발지향적 정책결정에 대한 대의기관의 감시와 견제 역할을 수행하고 있다. 풍력발전지구 지정에 대한 도의회 동의 권한은 2011년 풍력 조례 제정 시에는 없었지만, 2013년 도의회가 주도한 조례 개정을 통해 법률적 근거를 확보하였고, 제주도가 대법원에 권한 쟁의소송을 하였지만, "특별자치도지사의 권한에 대한 특별자치도의원의 견제 의무"라는 논리를 통해 2014년 말 승소하여 현재도 강력한 힘을 발휘하고 있다.

지구지정제도의 긍정적 효과

이렇게 제주도에서는 2011년부터 풍력발전지구 지정 제도를 도입하면서 여러 가지 긍정적 효과들이 나타나고 있다. 먼저 지구지정은 입지에 대한 사전 평가의 성격을 갖고 있기 때문에 지구지정 요건에 맞지 않으면 사업 허가도 받을 수 없으므로, 사업자의 투자 불확실성을 상당히 감소시켜주고 있다.

예를 들어 육상풍력은 발전용량이 20㎿ 이상이어야 하기 때문에, 아무리 우수한 질의 바람이 불더라도 기준 용량 이하면 지구로 지정될 수 없다. 즉 소규모 우후죽순 격의 풍력단지 난개발을 막고 있는 효과를 얻고 있음과 동시에, 애초부터 허가를 받지 못할 부지에 대한 사업계획이 세워지지 않도록 하고 있다. 실제로 현재 제주도에서 육상풍력이 더 이상 추진되지 않고 있는 이유가 바로 20MW 이상의 단지를 설치할 장소가 거의 고갈되었기 때문이다.

다음으로 풍력발전지구 지정의 또 다른 효과가 바로 개발이익 공유화 제도이다. 현재 제주도는 2013년 이후 신규로 건설되는 풍력발전사업에 대해 당기순이익의 17.5%, 또는 매출액 환산 7% 수준의 기부금을 받고, '풍력자원 공유화기금'에 세입시켜 사용하고 있다. 이러한 개발이익 공유화 계획은 지구 지정 6개월 이내 제출해야 하고, 20년 이후 지구 지정 기간이 만료되고 연장할 때, 개발이익 공유화 계획의 이행상황을 평가받도록 하고 있다. 즉, 지구 지정을 개발이익 공유화의 제도적 근거로 활용하고 있는 것이다.

그런데 개발이익 공유화와 관련하여 몇 가지 오해가 있다. 바람과 같은 자연에너지원은 '우리 모두의 것'이기 때문에, 풍력발전사업으로부터 나오는 이익을 근처에 살고 있는 지역주민들에게만 배분하는 것은 진정한 의미의 개발이익 공유화가 아니다. 그래서 제주도에서는 풍력발전사업 수익 중 제주도 바람이 기여한 가치에 대해 기부금 형태로 개발이익을 환원받고, 그것을 '풍력자원 공유화기금'으로 세입하여, 베란다 미니태양광 발전기 보급사업 등 지역에너지 자립을 위한 사업에 지출하고 있다. 중앙정부에 비해 예산이 매우 부족한 지방자치단체들은 앞으로 해당 지역 자연에너지 자원의 개발이익을 환원받아 지역에너지 자립을 위한 기금의 재원으로 활용할 수 있도록 관련 법제도를 마련해야 할 것이다.

그렇다고 인근 지역주민에게 아무런 보상도 해주지 않는 것은 아니다. 기본적으로 제주도에서는 풍력발전지구로 지정된 지역의 인근 마을을(지번이 속해 있는 마을) '신재생에너지 특성화 마을'로 지정할 수 있고, 그에 따라 3MW 이하의 풍력발전기 1기에 대한 사업허가를 내줄 수 있다. 사업자로부터 매년 얼마씩의 보상금을 받는 것을 넘어서, 아예 풍력발전기를 설치할 있는 권리를 부여해줘서 자체적으로 풍력발전기 가동을 통해 얻는 이익을 가져가도록 하는 것이다. 이미 십여 기 이상의 풍력발전기가 세워져 있는 마을이므로 추가로 1기를 더 설치하더라도 경관 및 환경영향은 덜하다고 판단했기 때문이다. 최근 정부에서 주민참여형 재생가능에너지사업에 인센티브를 부여하겠다는 논의와는 전혀 성격을 달리하는 것이다.

물론 현금으로 받는 부분도 있지만, 이것은 '이익'을 나누는 것이 아니라 사업자가 당연히 지불해야 할 '비용'의 측면이다. 즉, 마을 주민이 소유한 토지(공동목장 등)를 임대하여 풍력발전기를 설치한다면 주민이 받는 현금은 임대료이다. 최근 전력거래가격은 하락하고 있는 데 비해 기존보다 몇 배 높은 임대료로 계약된 사례가 있어서, '바람으로부터 얻는 우리 모두의 이익'을 토지주로서 해당 마을 주민이 더 가져가는 경우가 생기고 있기 때문에 적절한 조정이 필요한 시점이기도 하다.

한편 여기에 더해 '발전소주변지역지원에관한법률'에 따라 받는 지원금은 전국 어디에서 적용되는 제도이고, 사업자가 지급하는 게 아니므로(국민 모두가 내는 전기요금의 일부를 적립한 전력산업기반기금에서 지출) 그것은 개발이익 공유화 계획에 포함시켜서는 안 된다.

풍력발전지구 제도 개선 방향

이렇듯 여러 가지 효과를 가져오는 풍력발전지구 지정 제도도 몇 가지 제도적 한계를 갖고 있다. 가장 큰 문제는 지구 지정을 위한 세부 입지평가기준이 구체적이지 않다는 점이다.

예를 들어 해상풍력에 대한 내용을 보면, "해안경관을 현저히 해치는 해역 등에서는 풍력발전시설의 설치를 제한할 수 있다."라고 되어 있다. 해상풍력은 발전기의 높이만 해수면으로부터 약 170미터에 달하고, 최소한 수십여 기 이상을 해안선 바로 앞에 집단적으로 설치한다. 그렇다면 대규모 해상풍력이 해안경관에 영향을 끼치는 것은 분명한데, 이에 대한 객관적이고 합리적인 평가기준은 없어 심의를 할 때마다 논란이 발생하고 있다.

또 현행 제주도 고시에는 해상풍력발전지구의 "환경·경관·문화재 영향에 대한 세부기준은 개발사업 시행 승인 시 관계 법령에 따른다."고 되어 있다. 풍력발전지구 지정제도가 개발사업 허가에 선행하는 사전입지평가의 성격을 갖고 있는데, 이러한 내용을 보면 그런 성격을 부정당하고 있다.

실제로 사업자들이 제출한 해상풍력발전지구 지정 계획을 보면, 환경 및 경관 영향에 대한 대응방안은 지구 지정 이후 환경영향평가를 수행하면서 조치하겠다고는 것이 전부다. 환경영향평가 이행 단계로 넘어갈 것인지 확정되지 않은 상황에서 이러한 답변은 사업수행의 전후관계에 대한 모순이다. 따라서 개발사업시행 승인 시 관계법령에 준하는 기준으로 사전 입지평가를 하도록 해야 한다.

앞으로 이런 방향으로 지구지정 기준이 수립된다면 지금처럼 전기사업 허가를 얻고도 주민갈등과 환경 훼손 논란으로 인해 사업 추진이 지연되는 일은 줄어들 것이고, 그만큼 재생가능에너지 보급은 더욱 활성화될 수 있다.

한 가지 제안을 해본다면, 기존처럼 사업자에게 모든 것을 맡기는 방식이 아니라, 정부가 주도하여 그동안 진행되었던 에너지자원에 대한 조사결과, 환경성에 대한 등급 및 각종 환경보호지역 현황, 전력계통 연계의 용이성 등을 종합하여 재생가능에너지 입지에 대한 예비후보지로 선정한 뒤, 이들 지역을 대상으로 주민설명회 개최를 거쳐서 호응도가 높은 지역을 공모받아 (가칭)재생가능에너지개발지구를 결정한 후, 경쟁 입찰을 통해 지역주민들에게 가장 많은 인센티브를 제공하는 사업자에게 허가를 내주는 방식도 검토해볼 필요가 있다.

〈프레시안〉, 2017년 7월 28일.

2

중산간 대규모 태양광발전 개발사업,
어떻게 봐야 하나?

제주도 중산간 지역에 대규모 태양광발전단지 개발사업이 추진되고 있다. 제이원 주식회사가 한국수력원자력 등과 함께 사업비 1,391억 원을 들여 수망풍력발전지구와 더클래식 골프장 사이에 있는 남원읍 수망리 중산간 약 233만㎡(약 70만 평)에 95.6㎿ 규모로 지을 예정이다. 실제 태양광으로 뒤덮일 면적만 해도 78만㎡(약 23만 7천 평)이다. 발전 용량으로는 도내 최대 태양광발전일 뿐 아니라, 한림이나 한동·평대 등 해상풍력발전사업과 맞먹는 수준이다. 지난 2월에는 도시관리계획 변경을 마쳤고, 지금은 환경영향평가 단계를 거치고 있다.

태양광발전 조성사업도 환경영향평가를 받는 이유

일반적으로 태양광발전은 화석연료가 아니므로 온실가스 배출을 줄여 기후위기에 대응하는 방법이다. 그러나 재생가능에너지 개발사업도 자연환경지역에 대규모로 추진될 경우, 수십 년에 걸친 개발 및 운영 기간 동안 장기적인 영향을 줄 수밖에 없다.

그래서 환경영향평가를 받게 하는데, 육지와 달리 제주도는 도조례에 따라 에너지개발사업의 경우 100㎿가 아니라 50㎿로 적용기준을 보다 강화하였다. 그래서 수망 태양광발전 조성사업도 환경영향평가를 위해 여러 차례 조사를 통해 초안을 작성하였고, 주민설명회와 공람이 이뤄졌다.

사업자가 기존 풍력발전단지의 송전선로를 활용하여 사업비를 낮추고, 대규모 개발에 따른 규모의 경제 실현을 통해 이익을 향상시킬 수는 있겠지만, 근본적으로 공짜 연료 투입으로 발생한 일정 규모의 이익은 사업자의 노력과 능력으로 만들어진 게 아니다.

제주도 중산간 지역은 농경시대에는 마을공동목장 등으로 활용되었고, 제주도의 관광산업화 과정에서 대규모 부지가 필요한 골프장과 리조트 등으로 개발되면서 소유주도 마을주민에서 외지자본으로 바뀌었다. 하지만 아직까지 제주도 중산간은 한라산과 해안가를 이어주는 제주 섬의 주요한 생태축이자 완충지역이고, 고유한 역사문화 및 자연 경관을 품고 있는 독특한 공간이다.

그렇다면 제주도 중산간지역의 경관을 변화시키는 새로운 개발 사업의 유형으로 등장한 대규모 태양광발전은 어떻게 봐야 할까? 〈제주의소리〉에 게재된 태양광발전 기사에 눈에 띄는 댓글이 달려 그 시각에서 해당 사업에 접근해 봤다.

재생에너지 발전사업에 대한 의문은?

"재생에너지가 탄소중립을 할 수 있는가에 대한 의문부터 가져야 한다. 전기를 생산하는 순간부터 탄소중립을 논하는 것이 아니라 이 시설을 하기 위하여 얼마나 많은 탄소를 배출하는지 먼저 알려야 한다.

설치 후에도 태양광과 풍력발전이 환경 훼손과 공공재의 사유화, 경관의 사유화, 효율성 등등 많은 문제를 발생시키고 있으며 이제 공급 과잉으로 인한 출력제한으로 이어져 사업자의 원망을 낳고 있지만 이는 사업자를 위한 돈벌이 수단으로 이어졌기 때문이다.

진정 탄소중립을 위한 신재생에너지가 되려면 기초부터 철저하게 고민해야 한다."

익명의 글쓴이가 남긴 위 댓글은 산림훼손에 따른 흡수원 손실로 발생하는 탄소 배출, 햇빛과 경관이라는 공유자원의 사유화, 태양광전지의 물리적인 에너지전환 효율 한계 및 낮 시간에만 국한되는 발전 한계에 더해, 제주 전력계통의 신재생 점유율 증가에 따른 출력제한 등 태양광발전이 갖고 있는 환경·경제·사회·기술적 문제를 두루 지적하고 있다. 물론 이런 내용들이 인류가 구조적으로 처리 불가능한 핵폐기물 문제와 비슷한 수준은 전혀 아니지만, 그래도 하나씩 살펴보면서 지적사항 해결을 위해 같이 고민해 보면 좋겠다.

첫째, 산림 환경훼손과 탄소배출 문제. 산림은 광합성을 통해 온실가스의 하나인 이산화탄소를 흡수하고 목재의 형태로 오랫동안 고정시킨다. 그런데 그러한 나무를 몽땅 베어버리면 온실가스 흡수원이 사라지게 된다.

이 사업 환경영향평가서(초안)의 '온실가스' 항목을 보면, 공사 과정에서 사용되는 건설장비 및 차량에서 발생하는 온실가스만을 계산하였고, 배출량 저감을 위해 건설기계를 대형화하거나 고효율 기계로 전환하고, 공회전을 자제하겠다는 방안을 제시하였다. 그러면서 사업을 통해 생산할 수 있는 전력량을 다른 화석연료(등유, 경유, LNG)로 생산하였을 경우 엄청난 양의 온실가스가 배출될 것이기 때문에 태양광발전 사업시행으로 인한 온실가스 감축에 긍정적 영향이 있다고 적혀 있다.

그렇지만 사업으로 인해 훼손될 것으로 예상한 3만 8,158그루의 나무가 흡수할 수 있는 온실가스는 계산하지 않았다. 물론 2,500 그루를 이식하겠다고 밝혔지만, 이는 전체 벌채 대상 나무의 6.5% 수준에 불과하다. 몇 년 전 농림부에서 태양광발전 개발을 위한 초지전용은 불허한다는 지침을 내린 이후, 나무가 없는 초지는 사업부지에서 제외하고 오히려 산림 지역을 훼손하여 태양광발전을 설치하는 상황으로 이어지고 있다.

이외에도 중산간 지역 대규모 토지이용의 변화는 환경적 측면에서 몇 가지 생각해볼 내용이 있다. 현지조사 시 사업부지에서 확인된 멸종위기 야생생물과 천연기념물인 황조롱이와 새매는 "사업 시행 시 주변 유사지역으로 이동하여 활동할 것으로 예상됨"으로 적혀 있는데, 이들이 살아가는 데 필요한 먹이활동을 할 수 있는 중산간 지역의 대규모 변화는 어떻게든 이들의 생존에 영향을 끼칠 수밖에 없을 것이다.

우리가 많이 겪어서 알고 있듯이, 중산간 지역 대규모 개발에 따른 불투수 면적 증가는 하류지역 재해발생으로 이어질 가능성이 높다. 그러나 환경영향평가서(초안)의 수리수문 분야에서는 "침투저류지 12개소를 설치하여 처리"할 계획으로만 되어있다. 과연 해당 저류지 시설만으로 제주도에서 가장 비가 많이 내리는 동남부

지역에 위치한 사업부지 내 강우를 사업부지 밖으로 배출하지 않고 처리가능한지 자세히 따져봐야 한다.

풍력자원 공유화 사례의 교훈

둘째, 공유자원의 사유화 문제. 햇빛은 인간이 생산할 수 없는 자연의 무료 선물이고, 경관은 자연과 인간 노동의 복합적 산물이다. 사유화된 화석연료는 거래되는 상품이 되어 그 소유주에게 연료 판매에 따른 수익을 가져다준다. 햇빛과 바람은 아직 누구의 것이 아니지만, 전력생산 과정에서 공짜 원료로 투입되다 보니 사실상 발전사업자가 무상의 자연력 기여에 따른 이익을 독차지하고 있다.

사업자가 기존 풍력발전단지의 송전선로를 활용하여 사업비를 낮추고, 대규모 개발에 따른 규모의 경제 실현을 통해 이익을 향상시킬 수는 있겠지만, 근본적으로 공짜 연료 투입에 따라 발생한 일정 규모의 이익은 사업자의 노력과 능력으로 만들어진 게 아니다.

2008년부터 본격 시작된 '제주도 풍력자원 공유화운동'은 제주도민의 공유자원인 바람을 활용한 풍력발전의 개발이익 일부를 도민에게 환원시켰다. 2013년부터 풍력발전사업자로부터 풍력발전

지구지정 6개월 이내로 '개발이익공유화계획'을 제출받도록 하였고, 2016년에는 '풍력자원 공유화기금 조례'를 제정하여 풍력발전 사업자들이 제주도에 금전으로 납부하는 기부금을 별도의 기금으로 적립 운용하고 있다.

이러한 풍력자원 공유화 사례에 이어, 오영훈 제주도정은 인수위원회 101개 정책과제 중 하나로 대규모 태양광발전에 대해서도 개발이익 공유화 제도를 도입하겠다고 발표하였다. 긍정적인 정책방향은 맞지만, 개발이익을 환원한다고 해서 환경훼손 등 다른 문제가 동시에 해결되는 것이 아님은 분명하다. 또한 주민참여형 사업으로 추진한다고 할지라도, 그것은 투자에 참여하는 일부 주민을 사업자(투자자)에 포함시키는 것일 뿐이며, 무상 자연력의 기여에 따른 이익을 사업자가 사유화한다는 본질은 바뀌지 않는다.

기술개발과 제도개선은 함께 가야

셋째, 재생가능에너지 출력제한 문제. 이미 많이 알려졌다시피 전기는 생산량과 소비량이 일치해야 하는데, 제주도내 전력수요량이 평균보다 적은 봄철과 가을철 낮 시간에는 태양광발전으로 인해 수요보다 생산이 많다. 전력계통 운영의 안정성을 위해 기존 화력발전소의 발전량과 해저송전선로의 수전량을 최소화시키며 불가피하게 재생에너지 발전소를 끄고 있다. 2015년부터 풍력발전단지를 대상으로 실시하고 있고, 올해부터는 민간 태양광발전 시설에 대해서도 출력제한을 실시하고 있다.

약 700㎿의 태양광발전이 보급된 제주도에서 태양광 100㎿가 추가되면 출력제한이 더 늘어날 수도 있다. 100㎿ 한림해상풍력도 건설되고 있다. 몇 년 전 제주에너지공사에서도 관련 연구용역을 수행한 적이 있고, 올해 전력거래소에서도 연구용역을 추진하고 있지만, 기술적인 해결책과 제도적인 해결책을 마련하여 현실화시키는 데까지는 다소 시간이 걸릴 수밖에 없다.

발전설비는 고장이나 사고에 대비하고 예방정비도 필요하다. 그렇기 때문에, 적정선에서 여유 있게 만들어야 최소한의 전력예비율을 확보할 수 있으므로, 출력제한은 당연한 일이 될 수도 있다. 그런데 출력제한이 현재 사회문제가 된 가장 큰 이유는 재생에너지 발전사업자의 수익이 감소하기 때문이다. 기존의 대용량 화력발전소는 생산량에 따른 전력판매수입 이외에 용량요금이라는 것을 별도로 받아 정산하고 있지만, 재생에너지 사업자는 생산량과 그에 따라 발급받는 '신재생에너지공급인증서'(REC)를 판매하여 수익을 올리는 구조이기 때문에, 생산 자체가 멈추게 되면 수입이 없다.

재생가능에너지 전환을 위해 많은 자본을 투자해야 하지만, 전력계통 운영의 안정성을 위해 출력제한을 해야 한다면 사업자는 원하는 수익을 얻을 수 없기 때문에 투자를 꺼려할 수도 있다. 기술 개발과 함께 제도적 해결방안도 고민해야 한다.

'제주다움'과 '제주로움'을 잃지 않아야

위와 같이 제주도 중산간 지역의 대규모 태양광발전 개발사업으로 인해 발생할 수 있는 여러 가지 문제에 대해 살펴보았다. 도시관리계획 결정 과정에서 이러한 문제가 얼마나 검토되어 보완되었는지 알 수는 없지만, 환경영향평가와 개발사업 시행승인 단계만이 남아있기 때문에 앞으로의 인허가 절차를 통해, '제주다움'과 '제주로움'을 잃어버리지 않게, 그리고 과거의 정책실패 사례에서 교훈을 발굴하여 개별부서의 담당분야만이 아닌 최고정책결정자의 '종합적인' 정책판단이 필요하다.

〈제주의소리〉, 2022년 8월 9일.

뭔가 수상한
감귤폐원지 태양광발전사업

　지난 2016년 4월 28일, 제주도는 '도민 소득으로 이어지는 태양광발전 보급 사업 기본 계획'을 발표했다. 약 1조 원의 사업비를 투자해서 주택, 감귤폐원지, 마을 소유 시설이나 공유지 그리고 제주에너지공사 자체 사업 등을 통해 2030년까지 총 1,411MW 용량의 태양광발전을 설치하겠다는 내용이다. 전력거래소에 따르면, 작년(2015년) 말 기준 제주도내 사업용 태양광발전은 289개소에 72.7MW가 설치되어 있는데 제주도의 보급 목표는 앞으로 14년 내로 현재보다 약 200배 증가하는 수치다.

　세부적으로 살펴보면, 주택용 태양광발전 사업의 보급 목표는 580MW로, 제주도 전 주택의 81%에 해당하는 17만 4,000호에 4,433억 원을 투입해서 집집마다 3킬로와트의 태양광 발전기를 설치하는 계획이다. 감귤폐원지 태양광발전 보급 사업은 580농가, 510헥타르(약 155만 평) 규모의 감귤폐원지에 3,195억 원을 투입해 340㎿ 규모의 설비를 설치하는 것이고, 마을회 소유 시설 및 공유지 태양광발전 사업은 566개 마을에 1,740억 원을 투입해 138메가와트의 태양광발전 설비를 설치하겠다는 목표다.

이러한 계획이 제대로 추진된다면 제주도가 지향하는 '카본 프리 아일랜드' 달성에 상당 부분 일조할 수 있을 것이다. 하지만 계획 수립 과정에서 그 흔한 도민 공청회도 열리지 않았고, 재원 조달 방안과 대규모 태양광발전 설치에 따른 환경, 경관 영향에 대한 검토도 없었다.

그런데도 제주도는 계획을 발표하자마자, 감귤폐원지 등을 대상으로 한 태양광발전 보급 사업을 적극적으로 추진하고 있다. 먼저 지난 5월 초에는 만 65세 이상 고령 농가나 상습 냉해 지역 등 부적지 감귤 과수원, 그리고 마을 소유의 건축물 지붕 또는 공유지 등을 대상으로 사업 신청 접수를 받았다. 그 결과, 164건에 80.7㎿ 규모의 신청이 들어왔는데, 이 가운데 우량 농지 보전의 원칙을 감안해 제주도가 최종 선정한 사업 대상지 면적은 111개소, 약 88만 6,000제곱미터에(약 26만 8,000평), 설비 용량은 약 59㎿로 예정하고 있다.

올해는 시범 사업으로 3㎿를 목표로 한 것에 비해, 제주도가 선정한 사업 대상지는 초기 계획보다 무려 20배 이상 증가했다. 이렇게 계획보다 신청이 많이 들어온 이유는 제주도에서 "농가는 20년간 확정된 순이익으로 안정적인 수익 보장"이 된다고 홍보를 했기 때문이다. 제주도 관계자는 태양광발전 보급 기본 계획을 발표하는 기자 회견 자리에서 "4,500평 기준으로 태양광발전을 할 경우 감귤 농사보다 2.6배의 소득을 올릴 수 있다."고 말했다.

도민들의 소득을 증대시키는 것은 나쁘진 않지만, 제주도가 홍보한 내용이 어떻게 가능할지는 다들 궁금해 하고 있다. 태양광 전기를 고정된 금액으로 15년 동안 매입하던 '발전 차액 지원 제도'는 폐지되었고, 2012년부터 적용되는 신·재생 에너지 공급 의무화 제도는 전력 거래 가격(SMP)과 신·재생 에너지 공급 인증서(REC)의 가격이 매번 변동되기 때문에, '20년간 확정된 순이익' 지급이 가능하려면 누군가가 고정된 금액으로 사줘야 한다는 말이 된다. 그러나 아직까지 그러한 내용으로 전력 매입 계약을 체결했다는 소식도 없기 때문에 의문점은 점점 더 커지고 있다.

그럼에도 불구하고 제주도는 사업추진에 박차를 가하고 있다. 농민들을 대상으로 사업 부지를 신청받은 후, 7월 초에는 이 사업에 참여할 기업을 모집한다는 공고를 냈다. 참여 기업의 역할은 태양광발전소의 설계, 인허가 절차 이행, 재원 조달, 태양광발전 설비 시공, 관리 운영, 유지 보수 등으로 사실상 거의 대부분의 업무다.

공고문에는 이상한 내용이 한둘이 아니었다. 토지를 소유한 농민이 부담해야 할 농지 전용 부담금을 참여 기업이 납부해야 할 뿐 아니라, "태양광발전 1㎿ 기준, 20년간 연평균 5,000만 원 이상의 순이익을 제안해야 한다."고 되어 있다.

게다가 "본 사업은 토지주(농가)와 사업자 간 계약에 의해 성립되며, 사업 추진 과정에서 발생하는 사항에 대하여 제주특별자치도의 법적인 책임이 없음"이라고 명시되어 있다. 20년간 순이익이 보장된다고 홍보하면서 농민들을 상대로 사업 신청을 받아놓고, 법적인 책임이 없다는 것은 납득하기 어렵다.

공고문에 따르면 "제주도의 역할은 사업 참여 희망 토지주 조사, 사업자 선정, 사업 이행 파악"이 전부다. 즉 농민과 사업자를 모집해서 연결해주는 '개발 사업 브로커' 역할을 하는 수준이다.

현재 알려진 바에 따르면 2개의 컨소시엄에서 참여 신청을 했고 제주도에서 기업들과 협상을 하고 있다고 하며 조만간 참여 기업을 공개할 것이라고 한다. 어떤 기업이 선정될지는 모르지만, 전임 우근민 도정에서 크게 불거진 풍력발전 사업과 관련한 민간 기업의 특혜·비리 의혹이 원희룡 도정의 태양광발전 사업과 묘하게 겹쳐 보인다.

비판의 내용은 동일하다. '20년간 순이익 보장'을 공고문에 명시한 점을 뒤집어보면, 이미 제주도는 태양광발전 사업의 원가 계산을 통해 수익 발생을 인지하고 있다는 말이다. 그렇다면 제주도가 전국 최초로 설립한 지방 에너지 공기업 '제주에너지공사'가 주도적으로 추진해서 태양광발전 사업에서 벌어들인 수익을 토지를 소유한 농민뿐 아니라, 제주도의 지역 에너지 자립을 위해 사용토록 하는 게 민간 기업의 배를 불리는 것보다 타당하다.

그런데도 제주도는 이 사업을 계속 밀어붙일 듯하다. '카본 프리 아일랜드', '글로벌 에코 플랫폼', '그린 빅뱅' 등 다양한 수사들을 동원했지만 원희룡 도정은 지난 2년 동안 이렇다 할 성과를 내지 못했다. 이런 상황에서, 감귤폐원지 태양광 사업은 이제까지 제주도 내에 보급된 물량만큼의 태양광발전을 자신의 임기 내에 추진할 수 있는 획기적 전략이다. 또 재원 조달에서 시공, 유지 보수까지 모든 일처리는 사업자가 하는 것이고, 제주도의 법적인 책임도 없다고 공고문에 명시했기에, 앞으로 큰 부담도 없을 것이라 생각했을지도 모른다.

하지만 모든 계획이 예정대로 시행되는 것은 아니다. 계획 수립 과정에서 도민 의견 수렴 과정도 없었고, 사업을 신청한 농민들이 사업 내용을 충분히 이해하고 있는 것도 아니다. 참여 기업이 20년에 걸친 사업 기간 도중에 농민들에게 피해를 주는 일을 벌일지도 모른다.

실적 쌓기를 위한 무리한 사업 추진은 대부분 좋은 결말을 맺지 못한다. 에너지 체제 전환은 재생 가능 에너지 발전 설비만 무턱대고 늘린다고 되는 것이 아니라, 에너지를 둘러싼 다양한 이해관계자가 참여하고 합의하면서 에너지의 생산, 소비, 유통 구조까지 바꾸면서 진행해야 한다.

토지를 소유한 계층만 참여할 수 있는 태양광발전 보급 사업보다는 육지의 광역시도와 기초자치단체에서 활발히 추진하고 있는 '미니 태양광발전 사업'이 원희룡 도정의 새로운 에너지정책으로 채택되기를 바란다.

〈프레시안〉, 2016년 9월 6일.

* 감귤폐원지 태양광발전사업은 초기 계획과는 달리 총 41.8㎿ 설치를 끝으로 2020년 사업을 종료하였다.

햇빛에너지 확산을 위한
'햇별정책'이 필요해

경제활성화를 위해 사업을 하려고 해도 각종 '규제'로 인해 안 된다는 이야기를 우리는 오랫동안 들어왔다. 그래서 '규제'라는 말에는 경제성장을 저해하고 기업활동을 어렵게 하는 불합리한 제도라는 부정적 의미가 있다.

그러한 규제 중에 '이격거리 제한'이라는 표현이 몇 년 전부터 떠돌기 시작했다. 에너지 전환을 위해 태양광발전을 설치하려고 해도, 도로와 주택가로부터 일정 거리를 이격해야 개발행위 허가를 내줄 수 있다는 지자체의 도시계획 조례 때문에 사실상 태양광발전을 할 수 있는 땅이 거의 없다는 주장이다. 이격거리의 기준조차 과학적 근거가 아닌 주먹구구식으로 너무 과도하게 설정되어 있어, 결과적으로 탄소중립 실현과 RE100 달성도 어렵게 되어 국제적으로 뒤처질 것이라며 위기를 조장한다.

이렇게 태양광발전 보급이 더딘 이유를 지자체의 '이격거리' 규제 때문이라고 말하면, '이격거리'는 에너지전환의 걸림돌이 되고, 이격거리를 만든 지자체는 나쁘다라는 프레임이 만들어진다.

그런데 지자체는 왜 이격거리 제한 규정을 만들었을까? 대부분의 공무원이 답변하듯이 '민원' 때문이다. 2002년 발전차액지원제도 도입 이래 태양광발전을 본격적으로 보급한 지 20년이 지났는데, 왜 몇 년 전부터 재생에너지 민원이 급증했을까? 지역사회에 끼칠 구체적인 영향에 대한 충분한 검토와 지방정부의 역량강화 방안을 마련하지 않은 채, 공격적으로 재생에너지 확대 정책을 수립한 중앙정부와 그에 부응하여 지역사회와 부족한 소통 속에서 빠르게 사업 추진을 통해 이익을 실현코자 하는 개발업자 때문은 아닌지 되돌아봐야 한다.

실제로 2017년 12월 문재인 정부의 재생에너지 3020 정책 발표 이후, 태양광 이격거리 규제는 오히려 급격히 증가했다. 한국에너지공단에 따르면 태양광 이격거리 제한 규정을 둔 지자체 수는 2014년 1곳, 2015년 4곳, 2016년 8곳, 2017년 22곳에 불과했지만, 2018년 90곳, 2019년 122곳, 2020년 총 128곳으로 지속 확대됐고, 2022년 현재 전국 228개 지자체(기초 226개+ 제주, 세종) 중 57%가 관련 규정이 있다.

대규모 전기사업 허가 등 에너지 관련 권한이 없는 기초 지방정부가 에너지전환을 위한 능동적 행정으로 나아가지 못한 채, 주민들의 민원에 대응하기 위해 시장·군수의 권한인 국토계획법에 따른 개발행위허가로 우회적인 규제 권한을 행사했다고 보는 게 타당하다.

즉, 문제의 근본적 원인은 중앙정부와 사업자일 수 있는데, 오히려 그들에 수세적으로 대응한 지방정부를 문제라고 지목한다면, 잘못된 상황판단이다. '이격거리 규제'라는 표현은 이런 점에서 문제의 본질을 가리고 표면적으로 나타난 현상만을 부각해 원인과 결과, 몸통과 깃털을 전치시킨 사례라고 볼 수 있다.

그런데도 최근 중앙정부는 이격거리 기준을 완화하거나 없애는 기초 지방정부에 REC(신재생에너지공급인증서) 가중치 인센티브를 주거나 또는 신재생에너지법을 개정하여 기초 지방정부의 태양광발전사업허가에 대한 이격거리 기준을 없애려고 시도하고 있다. '개발행위허가'는 여러 판례를 통해서도 확인되었듯이 지방자치단체장이 광범위한 재량을 가진 고유권한인데, 이처럼 중앙정부에서 하향식 제도개선을 한다면 자치분권 2.0 시대와 맞지 않는 지방자치권 침해라고도 볼 수 있다.

사실 이격거리 제한을 당장 없앤다고 할지라도 정작 송·배전망이 보강되지 않는다면 에너지전환은 빠르게 이뤄질 수 없다. 아무리 발전소를 급속하게 늘린다고 해도 거기서 생산한 전기를 실어 나를 통로가 없기 때문이다.

한편, "이격거리라는 규제로 인하여 태양광발전 보급이 더디다."는 내용을 반복적으로 확대 재생산하는 행위는, 재생에너지 보급을 빨리 하고자 하는 그들의 의도와는 다르게 재생에너지에 대한 전반적인 사회적 인식이 악화될 수 있다. 재생에너지 보급을 활성화하려면 전 국민적인 인식 증진과 함께 관련 제도 개선 및 금융투자가 함께 가야 한다. 지금처럼 지방정부를 악의 축으로 규정하는 프레임은 서로에게 좋지 않다.

다르게 접근해보자. 지방정부의 수세적 대응을 적극적이고 능동적 행정으로 바꿀 수 있도록 자치분권과 에너지전환을 위해 더 많은 권한과 예산을 지원해보면 어떨까? 지방정부의 역량을 강화하고 보다 포용적으로 업무추진을 할 수 있는 여건을 조성하자는 것이다.

때마침 고 김대중 대통령 서거 13주기를 맞아, 그가 추진했던 '대북화해협력정책'인 '햇볕정책'의 표현을 빌려서 쓰자면, "햇빛 에너지 확산을 위해 '햇볕정책'"이 필요한 시점이다. 우리 모두의 공존과 번영을 위해 더는 상대방을 적으로 규정하고 말고, 대화와 논의의 장으로 이끌어내고 충분한 지원을 한다면 지금보다는 상황이 많이 달라질 것이다.

〈프레시안〉, 2022년 8월 20일.

제주도 주민참여
태양광발전 사례

제주도 태양광발전사업 추진 현황 및 목표

2017년 말 기준으로 제주도 발전량 중 재생에너지 보급률은 13.61%로, 제주도는 전국 최고 수준의 재생가능에너지 보급률을 보이고 있다. 제주도에 보급된 재생가능에너지시설의 1/3은 태양광발전인데, 불과 몇 년 전만 하더라도 풍력발전이 대부분을 차지했지만 점차 태양광발전 생산단가가 하락함에 따라 도내 태양광발전 보급률이 상당히 빠르게 증가하였다.

제주도는 카본프리 아일랜드 2030계획(CFI 2030)을 통해 2030년까지 전기에너지 사용량을 재생에너지로 대체 보급한다는 계획을 세우고 있다. 2030년까지 풍력 2,350㎿을 비롯하여 총 4,311㎿의

2022년까지 646MW, 2030년까지 1,411MW(1,85GWh) 보급(일반사업자용 300MW 포함)

구분	계	주택보급	감귤폐원지	마을단위	에너지공사
시설규모(MW)	1,111	580 (174천 가구)	340 (580농가, 510ha)	138 (566개 마을)	53
발전량(GWh)	1,459	762	447	181	69
사업비(억원)	9,897	4,433	3,195	1,740	529

※자료: 제주도, 도민 소득으로 이어지는 태양광발전 기본계획, 2016. 4. 28.

재생에너지를 보급할 예정이며, 그중 태양광보급목표는 1,411MW
로 1/3 정도를 차지하고 있다.

이러한 목표달성을 위해서 최근 들어 제주도는 다양한 태양광발
전사업을 추진하고 있다. 그중에서 대표적인 사례가 2016년부터 추
진한 감귤폐원지 태양광발전사업이다. 감귤원 등을 활용한 발전설
비로 농가의 안정적 소득창출을 위해 농가와 사업자 간 임대차계약
을 체결해서 추진하는 사업이다. 농가는 20년간 토지를 제공하고,
사업자는 발전사업 및 매전수입으로 토지임대료를 지급하는 구조
로, 대우건설 컨소시엄에서 SPC인 (주)제주감귤태양광을 설립하
여, 현재 70농가 81개소 대상으로 2018년 12월 말까지 43MW 설치를
완료할 예정이다.

2017년부터는 '가가호호' 태양광발전 및 경로당 태양광발전이 새

롭게 시작되었다. 2016년 제정한 '제주특별자치도 풍력자원 공유
화기금 조례'에 따라 조성한 기금에서 단독주택, 베란다형 미니, 공
동주택뿐 아니라 경로당 태양광발전을 설치하는 데 보조금을 지원
하여 추진하는 사업이다. 2018년에도 추진되었지만 예산은 전년
에 비해 줄어들었다.

제주도내 주민(마을)참여형 태양광발전사업 개념과 사례

재생가능에너지사업은 대규모 자본이 필요한 사업으로 그동안
은 외지 기업 중심의 사업추진형태가 일반적이었다. 그러나 지역
주민의 정서와 자연환경에 대한 고려가 부족했기 때문에 여러 갈
등이 발생하여 사업추진이 더디거나 취소되는 경우도 있었다. 이
런 한계를 극복하기 위해 정부에서는 주민이 참여하는 사업에 대
해 인센티브를 제공하여 사업추진이 원활히 진행되도록 제도를 개
선하고 있다.

주민참여형 에너지사업은 다양하게 정의될 수 있는데, 세계풍력
협회는 주민참여형 풍력발전사업에 대해 "지역 주민, 투자자, 기
업, 학교, 기관 또는 지역 사회에 에너지 비용을 줄이기 위해 풍력
에너지를 활용하는 사업으로 지역 주민 또는 이해관계자들이 사업

의 전부 또는 대부분을 소유하거나 주민 기반 조직이 사업상의 경영권 또는 결정권을 소유하고 사회적, 경제적 편익의 대부분이 지역사회로 환원되는 사업(WWEA, World Wind Energy Association)"이라고 정의하고 있다.

풍력발전을 전체 재생가능에너지로 대체해 설명하면, "절차와 결과적인 측면에 있어서 환경 영향을 최소화하면서 해당 지역의 주민들이 소유하고, 주민들의 의사에 따라서 민주적으로 운영되는 신재생에너지 발전을 의미"한다고 볼 수 있다.

이런 기준으로 볼 때 현재 제주도내에서는 2000년대 초반부터

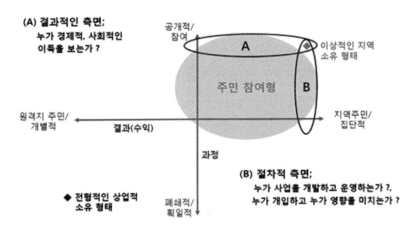

※ 자료: (재)녹색에너지연구원, "주민참여형 신재생에너지 발전사업 확대를 위한 비즈니스모델 및 시스템 개발"(2018), 58쪽.

마을단위에서 시작된 다양한 형태의 태양광발전사업 추진사례를 확인해 볼 수 있다. 100% 정부 보조금 지원사례에서 100% 자부담의 순수 마을발전사업까지 다양한 형태를 정부보조금 지원형, 마을 직접 추진형, 마을-기업 협력형으로 구분할 수 있다.

1) 정부보조금 지원형

먼저 사업비 100%를 정부에서 지원받은 사례가 있다. 서귀포시 안덕면 동광리 '태양광 그린빌리지사업'은 총 46가구에 111.8kW(고산 자구내 11가구 제외)를 설치하여 가정 소비 전력을 태양광발전으로 대체한다는 사업이었다. 2004년 7월~12월까지 국고 보조(70%)와 지자체(30%) 지원금으로 재원을 마련한 정부주도형 사업으로 주민들은 단순히 마당이나 옥상 등 태양광발전설비의 부지를 제공하고, 생산전력을 이용하는 수준에 머물렀다.

2) 마을 직접 추진형

정부보조금 지원형과는 전혀 다른 마을 직접 추진 사례도 있다. 서귀포시 안덕면 화순리는 마을회 산하에 '번내태양광발전주식회사'를 설립하여 마을 공동목장 소유부지에 약 185kW의 태양광발전 시설을 설치해 2008년 5월 준공 및 상업발전을 개시하여 현재까지 10년이 넘도록 자체적으로 운영하고 있다. 17억 원 정도가 소요된 사업비는 한국남부발전의 남제주화력발전소 증설 관련 보상금(주변지역지원금)과 마을목장이 문화마을 조성사업 부지로 편입된 데 따른 보상금 등 전액 마을 자체 재원으로 조달하였고, 당시는 발전차액지원제도가 운영되던 시절에 가동이 시작되어서 670원/kwh의 고정가격으로 전기를 판매하고 있다. 발전설비 관리를 위해 전기안전관리자를 선임하였고, 마을 청년회 회원들이 한 달에 두 번 정도 태양광 전지판 세척 및 잡초 제거를 하고 있다. 10년이 지난 현재 시설노후화로 발전량 감소와 인버터의 노후화로 인해 교체자금 소요 등의 문제가 대두되었다.

화순리와 유사한 사례도 최근 몇 년간 봉개 매립장 주변마을 주민지원사업을 통해 추진되기도 했다. 2011년 3월, 제주시는 회천 쓰레기 매립장 운영기간 연장을 위해 회천매립장 주민대책위원회

마을	사업추진내용
서회천	2013년 48가구 태양광주택보급, 2014년 466kW, 2015년 62kW 규모 태양광발전소 준공. 마을기금과 은행대출로 부지매입.
동회천	2014년 57가구의 태양광주택보급, 408kW 규모의 태양광발전소 준공. 마을기금과 은행대출로 부지매입.
명도암	2015년 136.8kW 태양광발전소 준공. 마을회 부지에 추진.
용강동	2014년 78가구에 태양광주택보급, 2015년 250kW 규모의 태양광발전소 사업을 추진.

와 운영협약을 체결하고 마을별 주민숙원사업 110억 원을 지원하였다. 이를 통해 4곳의 자연마을에서는 마을 전체의 발전사업 이외에 각 가정의 옥상마다 태양광발전을 설치했고, 현재 주민들의 만족감은 높다고 전해진다.

3) 마을-기업 협력형

마을과 기업이 협력하여 태양광발전 사업을 추진한 사례도 있다. 대정읍 인성리 마을회는 제주국제자유도시개발센터(JDC)의 사회공헌사업의 일환으로 JDC마을공동체사업(JDC 개발사업과 연계된 마을을 대상으로 지역공동체 사업을 지원) 제3호점으로 인성리 마을태양광발전을 추진했다. 1억 7천만 원(JDC 1억 4천만 원 + 마을자금 3천만 원)의 사업비를 들여 60㎾를 설치했다. 20㎾씩 3개로 구성되었으며, 복지회관 옥상에 1개와 다목적회관 옥상 2개 등 마을 공공건물 옥상의 여유공간을 전부 활용하였다. 3년 전 태풍 내습 시 태양광패널 2장이 날아간 것 말고는 특별한 고장은 아직까지 없고, 이 사업 추진을 위해 마을회 정관을 변경하여 임대사업과 발전사업을 추가하기도 했다.

제주환경운동연합 활동백서, 《2018 제주의 환경을 말한다》.

3

지역에너지계획과 시민참여

재생에너지개발정책과 도민참여 거버넌스

지역에너지계획과
시민참여

- '제주특별자치도 제6차 지역에너지계획 수립' 시민참여 기획 및 운영 후기

지역에너지계획과 시민참여 사례

지역에너지계획은 에너지법 및 제주특별자치도 에너지기본조례에 따라 5년마다 5년 단위로 수립되는 법정계획이다. 주요 내용은 에너지의 안정적이고 친환경적인 공급을 위한 중장기 방향으로, 안정적 에너지공급, 재생가능에너지 보급, 에너지이용합리화 및 온실가스 감축, 에너지복지까지 지역 내 에너지정책과 사업의 모든 것을 포괄한다.

제주도 지역에너지계획은 지난 1994년 처음으로 수립되었는데, 그 이후로 현재까지 2001년(2차), 2007년(3차), 2012년(4차), 2018년(5차)까지 모두 5차례 수립되었고, 계획대로라면 5년 후인 2023년

수립될 예정이었다. 하지만 에너지전환을 주요정책의 하나로 추진하는 문재인 정부에서 우리나라 최상의 에너지계획인 3차 에너지기본계획이 2019년 6월 4일 수립됨에 따라 이와 연계해 각 지역별 에너지계획을 새롭게 수립토록 산업통상자원부의 요청이 있어 2019년 들어 다시 제주특별자치도 제6차 지역에너지계획을 새롭게 수립하고 있다.

이미 1년 전에 해당 계획이 수립 완료되었고, 2019년 상반기에는 2018년 초부터 추진해왔던 '카본프리 아일랜드 2030 수정보완 용역'이 마무리되었기 때문에 이번 지역에너지계획의 초점은 기존과는 다를 수밖에 없었다. 때마침 상위계획의 주요 과제 중 하나로 '소통, 참여, 분권형 거버넌스 구축'이 포함되었기에 '시민참여'에 초점을 두고 사업계획을 작성했다.

　2. 소통·참여·분권형 거버넌스 구축

　　나. 주요과제

　　　② 국민참여 확대

　　　　□ (정책과정 참여) 에너지 정책 수립과정과 관련 사업 시행과정에서

　　　　　에너지 수요·공급자로서의 국민 참여 확대

　　　　　○ 에너지 정책과정의 국민참여 숙의민주주의 구현방안 연구 추진

　　　　③ 지역·지자체 책임·역할 강화

□ (지역에너지계획 내실화) 국가 계획과의 정합성을 확보하면서 지역

별 특성을 반영하도록 계획 수립 지원

○주민이 계획수립 과정에 적극적 참여하고 중앙정부는 계획수립

지원

※ 자료: ○ 제3차 에너지기본계획(2019. 6. 4.)

그리고 산업통상자원부에서 에너지경제연구원에서 작성한 지역에너지계획 수립 가이드라인을 보내왔는데, 거기에서도 시민참여의 내용이 포함되어 있었다.

〈지역에너지계획 수립 지침(안)〉

□ 지역에너지계획 수립과 이행과정에서 기초지자체와 시민들의 참여방안

제시

- 시나리오 워크숍, 합의회의, 공론조사 등과 같은 숙의적인 방식의 주민참

여 방법 활용

※ 자료: 지역에너지계획 수립 가이드라인(2019. 5. 15. 에너지경제연구원)

계획의 수립방향이 '시민참여'라면, 어떤 방식으로 하는 것이 있을지 조사해보았다. 외국의 사례를 참조하며 십수 년 전부터 몇몇 시도들이 있어왔고, 기초자치단체뿐 아니라 광역자치단체에서도

이미 시민참여 방식으로 지역에너지계획을 수립하기도 했었던 사실을 알게 되었다.

2015년 대구광역시는 공론조사방식으로 지역에너지계획을 수립하였는데, 4회의 포커스그룹 미팅 이외에 112명의 시민을 무작위 추출하여 1회의 시민참여단 공론조사를 진행했다. 2017년 전라북도와 충청남도에서도 각각 35명과 77명의 시민을 선정하여 1차례와 3차례의 워크숍을 통해 에너지 시나리오를 선택하기도 했다. 그 외 기초정부 단위에서는 전주(2016년), 광명(2017년), 완주(2018년) 등에서도 유사한 행사가 진행되었다.

제주 지역에너지계획의 도민참여 설계

제주특별자치도는 지난 2012년부터 카본프리 아일랜드 실현을 도정의 주요 목표 중 하나로 삼아 추진하고 있지만, 안타깝게도 다른 지역과는 달리 단 한 번도 에너지정책 결정과정에서 숙의형 시민참여 방식을 도입한 적이 없었다. 그래서 이번에는 제대로 한번 해보면 좋겠다는 생각이 들었다. 그렇지만 다른 지역에서 도입했던 방식을 검토해보았을 때 과연 3번의 만남으로 에너지의 미래를 결정하는 것이 얼마큼의 깊이가 있을지 염려가 되었다. 에너지는 원천도 다양한 만큼 그것을 이용/개발하는 기술도 복잡하기 때문에 더 많은 시간을 들이면 좋을 것 같았다. 그렇지만 시간과 비용의 한계라는 제약도 고려해야 되기 때문에 다음과 같이 3단계의 시민참여방식을 고안해보았다.

우선 전문성이 높은 에너지 분야이므로 소수-장기의 시민연구단을 구성하는데, 대표성 문제와 관련하여 시민참여의 범위를 확대하기 위해 다수-단기의 도민공청회로 이를 보완하고, 시민연구단 및 도민공청회에 대한 기획/협의기구로 자문위원회를 운영하는 방식이었다. 물론 시민참여 이외 별도의 전문가 연구진 및 전문가 자문회의를 구성하여 병행하기로 했다.

보다 구체적으로 설명하자면, 첫째는 시민참여방식에 대해 함께 논의할 관계자들인 '시민참여자문위원회'였다. 시민사회단체, 에너지협동조합 및 민간연구소 등 이미 시민참여방식을 경험해본 다섯 분을 모셨다. 이들과 시민참여계획 초안을 놓고 함께 고민하면서 보다 구체적인 추진계획을 완성시켜나갔다.

다음으로 지역, 성별, 연령 등 인구특성을 고려하여 선발한 15명~20명 이내의 일반도민을 대상으로 '시민연구단'을 공개모집하여 구성하는 것이다. 남은 사업기간 동안 1달에 2번씩 총 10번을 모여서 차분히 각각의 주제에 대해 자료 및 특강을 바탕으로 기존계획 평가 및 방향 제시, 세부추진과제 아이디어제공, 향후 계획이행

평가 등을 깊게 논의해보는 것이다. 2018년 내가 참여했던 '제3차 에너지기본계획 수립 민간워킹그룹 분과'는 3월부터 9월 말까지 격주로 모여 토론을 하고 기초보고서를 작성했었는데, 이 경험을 차용한 것이다.

마지막은 공개모집한 100인 이내 도민을 대상으로 도민공청회를 2차례 개최하는 것이었다. 시민연구단 및 전문가 연구진에서 작성한 계획(초안)에 대한 평가 및 세부추진과제 아이디어를 제공하는 목적이었다.

한편 '퍼실리테이터'를 따로 섭외하였다. 다른 지역에서는 원탁토론에서 사회자 역할을 하면서 토론을 촉진시키고 보다 효과적으로 운영할 수 있도록 '퍼실리테이터' 교육부터 실행하는 경우도 있었지만, 시간이 부족하여 기존에 활동을 하고 계시던 '한국농어촌퍼실리테이터협회 제주지회'분들께 부탁을 드렸다. 시민연구단 및 도민공청회 모임 전에 사전회의를 통해 사업내용과 진행방향을 함께 논의했고, 계획안뿐 아니라, 종료 후 결과보고서까지 작성해주시기로 하셨다.

부서 인사이동 후 7월부터 관련 업무를 인수인계받아 사업을 추진하려니 너무 시간이 빠듯하여 우선 시민참여자문위원회를 개최하여 시민연구단 구성운영방안을 논의한 후, 막바로 시민연구단 모집에 나섰다.

2019년 7월 16일부터 7월 22일까지 1주일 동안 제주에너지공사 홈페이지에서 내려받을 수 있는 지원신청서 등을 작성하여 이메일 접수를 받았다. 짧은 시간이었지만 무려 43명이 도민이 신청해주셨다. 이들을 대상으로 시민참여자문위원회 2차 회의를 개최하여 참가신청서를 토대로 성별/연령/거주지로 나눈 후 참여의지 등이 사업목적에 맞는 16명을 선정하였고, 이와는 별도로 20대 2인을 각 조별 서기로 활용하기 위해 추가 선발하였다. 앞으로의 미래를 그리는 계획이기 때문에 '연소자 우대'를 미리 공지해두었다. 이주민도 몇 분 계셨지만, 10대 신청자가 전무했던 것이 아쉬웠다.

제주 에너지 시민연구단의 활동

2019년 7월 27일(토) 시민연구단 1차회의 겸 오리엔테이션을 개최했다. 다들 처음 만나는 자리여서 서먹했지만 각자의 소개와 더불어, 도지사님을 대신하여 참석한 도 미래전략국장님의 축사 및 위촉장 수여, 시민참여방법과 지역에너지계획에 대한 짧은 특강의 시간으로 출발하였다.

두 번째 모임인 8월 10일에는 앞으로 논의할 주제에 대해 서로 의견을 주고받으며 구체적인 일정을 확정했다. 원래는 월 2회로

하여 주중 1회, 주말 1회로 계획했었는데, 시민연구원들은 격주 토요일 2회로 정해주셨다. 주중 저녁에는 퇴근 후 참석해야 되므로 시간할애를 길게 하지 못하였고, 일요일에는 종교행사 등으로 연구단 참석이 어렵다는 의견도 많았다.

회의 초기에는 다룰 내용들이 에너지에 대한 전반적 것이어서 시간이 항상 부족했고, 그래서 오전 9시에 시작을 했음에도 낮 12시가 넘어서 마치는 경우가 발생했다. 그래서 점심은 도시락을 배달주문하여 제공하였으나, 몇몇 연구원들께서 1회용 플라스틱이 많이 발생한다는 이유로 식당에서 식사할 것을 요청하였다. 그래서 그 이후부터는 주변 식당을 이용해서 식사를 제공하기도 했다. 중반으로 갈수록 논의주제가 매회 한 가지였기 때문에 시간조절에 여유가 생겼다. 물론 매번 다른 식당에서 새로운 음식으로 드실 수 있도록 나름대로 노력했다. 같은 식당과 같은 음식은 아무리 맛있어도 새로움을 제공할 수는 없기 때문이다.

9월 들어서는 주말마다 태풍이 연이어 내습해서 어떤 때는 모임을 연기하기도 했고, 어떤 때는 태풍 직전에 개최하기도 했다. 2019년처럼 7번의 태풍이 영향을 준 해도 드물었는데, 그만큼 기후변화로 인한 영향이 점점 더 많아지고 있음을 느낄 수 있었다.

오리엔테이션 이후 10월까지 7번의 내부회의 이외에 2번의 현장견학도 있었다. 10번의 시간을 실내에서만 만나는 것도 지겨울 듯해, 어느 정도 시간이 흐른 후에 기분전환 겸 바깥나들이로 현장견학을 갈 계획을 했었다. 그런데 시민연구원 분들 중 해당 주제 논의 전에 관련 현장을 다녀와야 더 좋은 논의를 할 수 있겠다는 의견이 있어서 시민연구단 일정 초반부로 앞당기게 되었다.

풍력과 태양광발전 등 재생에너지는 구좌읍 행원리에 제주에너지공사 신재생에너지홍보관이 있어서 주말에도 이용이 가능했지만, 다른 발전소들은 주중이 아니면 견학이 어려웠다. 또한 화력발전소를 가기로 했던 날은 해당 발전소에 다른 내방객들이 많아 시공간이 여유롭지 못해 방문을 할 수 없었다. 그럼에도 주중이었던 8월 22일(목)에는 한국전력공사 서제주변환소와 한국전력거래소 제주본부를 방문할 수 있었고, 대다수의 시민연구원들이 참석해주셨다.

앞서 언급했듯이 9월에는 태풍이 많아 별도의 날짜를 잡지 못했고, 9월 21일(토) 주말 오전에 현장견학과 그날 오후에 실내 워크숍을 병행했다. 행원 신재생에너지홍보관뿐 아니라 주변에 위치한 김녕 국가풍력실증단지, 에너지기술연구원 제주글로벌연구센터, 월정마을풍력 및 해상풍력실증단지 등을 비록 밖으로 지나가면서 볼 수밖에 없었지만 제주도 동북부 지역이 상당히 오랫동안 재생가능에너지 연구개발과 보급의 중심에 서있다는 것을 느낄 수 있었다. 특히 이날은 시민연구단과 별도로 석박사급 인력으로 구성한 전문가 연구진도 현장방문에 동참했을 뿐 아니라, 실내 워크숍에서도 함께해서 시민연구원들의 궁금한 점에 대해 답변을 해주는 시간도 만들었다.

회차	날짜	내용
1	7/27	오리엔테이션
2	8/10	다루고 싶은 주제 워크숍
-	8/22	1차 현장견학
3	8/24	전통에너지의 문제점과 해결 방안
4	9/21	2차 현장견학, 신재생에너지의 문제점 및 해결방안
5	10/5	에너지이용합리화 방안 및 온실가스 감축 방안
6	10/12	법, 제도, 정책, 교육 계획 수립
7	10/19	시민연구단 논의 종합
8	11/2	1차 도민공청회(서귀포)
9	11/9	2차 도민공청회(제주시)
10	11/30	최종 마무리 보고회

시민연구단에서 지역에너지계획의 각 주제들에 대해 대부분 다루면서 초기에 논의했던 내용들이 반복되어 언급되기도 하였고, 2개로 구성한 조별 인원이 매번 동일하다 보니 후반으로 갈수록 말을 하는 사람과 안 하는 사람으로 나뉘기도 하는 등 서로에 대해 너무 익숙해져버려 매너리즘에 빠진다는 의견도 있었다. 그래서 10월 19일에는 처음으로 조별구성을 바꿔서 토론을 진행해보았는

데, 같은 연구단이었지만 토론은 첫 대면이어서 약간의 긴장감을 불러일으켰는지 기존보다는 분위기가 더 나아졌다. 오히려 보다 빨리 전환을 했으면 좋겠다는 의견도 나왔다.

더 많은 의견을 듣기 위한 '도민공청회'

시민연구단의 논의결과들이 쌓일수록 도민공청회 개최에 대한 부담감이 몰려왔다. 사실 시민연구단 1회 개최비용도 매번 각종 수당과 항공료, 영상촬영비 지급 등 적지 않은 금액이었다. 그런데 도민공청회는 100명을 기본으로 하기 때문에 대관료, 기념품 구입, 자료집 제작에 더 많은 비용이 들어 2차례 개최에 3,000만 원 정도가 예상이 되었다. 그래서 기존에 제출한 사업계획 중 예산진행계획의 일부를 변경하여 비용을 마련하였다. 물론 이것은 예산한도 내에서 보다 원활한 사업추진을 위한 변경이라 큰 문제는 아니었다. 이보다 더 중요했던 것은 바로 참가도민을 모집하는 것이었다.

도민공청회는 시민연구단과는 달리 행정시 배려라는 또 다른 목적도 있었다. 그래서 서귀포시와 제주시에서 각각 1회씩 같은 내용으로 추진하기로 했다. 모집 보도자료를 작성해 배포하고 주변지인 등 기존 인맥을 동원하여 홍보를 하였다. 그럼에도 시간이 다가올수록 참가자 모집이 수월하지 않아서 시민연구단, 시민참여자문위원들, 그리고 함께해주시는 퍼실리테이터분들에게도 요청을 드렸고, 이미 참석신청한 분들에게도 주변 분들과 같이 나오면 더 좋겠다는 메시지도 보냈다. 결국 서귀포지속가능발전협의회 사무국장님의 도움으로 11월 2일(토) 강정 켄싱턴리조트에서 열린 공청회에서는 총인원 70여 명이 참석한 가운데 1차 공청회가 성황리에 열릴 수 있었다.

도민공청회에서는 안정적 에너지공급대책, 신재생에너지 활용대책, 에너지이용합리화 및 온실가스 감축 대책 등 3가지 주제를 놓고 시민연구단의 연구결과와 기존 상위계획 등의 내용을 알려주면서 원탁토론을 진행하였다. 그리고 마지막에는 각 주제별 의견들을 대상으로 선호투표를 하는 방식으로 진행되었다. 에너지복지와 법·제도개선 과제, 에너지교육까지 다뤄온 주제가 많아 도민공청회에서 물어볼 주제도 많았으나 시간이 부족하여 3가지로 한정했고, 중간에 휴식시간이 있으면 서로 주의를 흐트릴 염려가 있기에 오후 2시부터 6시까지 4시간 동안 별도의 쉬는 시간 없이 진행하였다. 물론 자유롭게 화장실 등을 드나들 수 있도록 하였으며, 장소 뒤편에는 커피, 음료수, 다과(오메기떡, 감귤, 쿠키)를 준비해두었다.

11월 9일(토) 제주시 미래컨벤션센터에서 열린 공청회에서는 일반 참가도민들뿐 아니라 한림고등학교 학생 13명이 참석하여 2개의 원탁을 별도로 구성하여 운영하는 등 서귀포에서보다 많은 80명이 참석했다. 그리고 원탁도 6개를 활용했던 서귀포보다 많은 9개를 비치하여 각 테이블당 참석인원을 더 적게 만들어 더 많은 토론을 할 수 있도록 유도하였다. 여기에 더해 사전설문조사지를 따로 작성할 수 있는 공간도 마련해두었다. 음료와 다과도 마찬가지로 비치해두어 자유로이 이용할 수 있게 하였다.

도민공청회에서는 시민연구단의 역할이 매우 중요했다. 기본적으로는 기존 시민연구단 회의 때 많은 이야기를 나누었기 때문에, 도민공청회에서는 여기 처음 온 다른 동료시민들의 이야기를 우선 듣도록 했으며, 각 테이블에 분산배치하여 회의록 작성 서기와 퍼실리테이터를 도와주는 역할을 했다. 물론 참가자 접수, 자료집 배부, 평가회의 참석 등 공청회 준비와 마무리까지 모두 함께해주셨기에 별도의 지원인력이 없이 이러한 공청회를 잘 운영할 수 있었다.

에너지 민주주의로 카본프리 실현

도민공청회에 대한 참가만족도 조사결과에서 가장 많이 나온 의견은 에너지정책에 대한 홍보와 교육을 보다 더 강화해야 하고, 이런 자리를 더 자주, 더 많이 개최해달라는 요청이었다. 다른 정책 분야에서는 시민참여방식의 의사결정과정이 몇 차례 있었지만 이번처럼 에너지정책의 시민참여는 도내 처음이었다. 그만큼 도민들의 갈증이 있었던 것은 분명한 사실이다. 그래서 지금은 일단 이렇게 시작을 한 만큼 지속가능한 방법을 고민하고 있다. 그런 점에서 '지역에너지계획'이 법률과 조례에 따른 법정계획이라는 점은 매우 다행이다. 시민들이 참여해서 계획을 만들었으니 앞으로 5년 동안 계획이 잘 이행되는지도 감시해야 하는 것이 당연한 것처럼, 시민연구단을 시민평가단으로 전환하는 방향도 생각하고 있다.

또 시민연구단과 도민공청회에서 나온 의견들을 정리하여 전문가연구진에게 제출하고, 각각의 내용을 보고서의 각주로 언급하여 어떤 의견이 도민들의 의견과 연계된 사업인지 확인할 수 있도록 하였다. 또한 결과보고서도 그대로 보고서 부록에 수록하여 원문 그대로 도민들의 의견이 기록으로 남고 미래로 전달될 수 있도록 노력하였다. 물론 법적으로는 에너지위원회 심의와 산업부 보고라는 절차를 거쳤지만, 처음으로 도민들의 의견을 수렴하고 반영했다는 것에 큰 의미가 있다. 결국 에너지는 사회의 토대이므로, 사회구성원이 함께 그 미래를 논의했다면 그야말로 시작이 절반 아니겠는가라는 자세로 토론을 이어나가야 한다.

제주환경운동연합 활동백서, 《2019 제주의 환경을 말한다》.

재생에너지개발정책과
도민참여 거버넌스

사회는 다양한 이해당사자들이 모여서 상호관계를 맺는 곳이다. 따라서 사회 갈등은 항상 잠재해 있다고 볼 수 있으며, 현안에 따라 갈등의 표출양상도 달라진다. 카본프리 아일랜드 정책도 마찬가지로 추진과정에서 여러 가지 사회 갈등이 발생하고 있다.

이미 제주도에서는 2000년대 중반 풍력발전단지 건설을 둘러싼 찬반 갈등이 발생한 경험이 있다. 당시 에너지전환을 주장하면서 사태를 지켜본 환경단체에서 '풍력자원 공유화'라는 새로운 해결책을 제안하면서 제도화시키는 데 이르렀다. 현재도 풍력발전단지 건설반대운동은 벌어지고 있지만, 10여 년 전과는 다소 다른 모습을 띠고 있다.

한편 전기자동차 전환정책을 둘러싸고 주유소 및 LPG충전소 업계, 내연기관 자동차 수리 업체 등 기존 관련업계 종사자들의 반발도 계속되고 있다. 이들은 제주도의 카본프리 아일랜드 정책 추진으로 인해 생계 위협에 빠졌다고 주장하면서 관련 대책마련을 요구하고 있다.

이러한 갈등이 장기적으로 지속될 경우에는 서로 간의 또 다른 문제로 이어질 수 있기 때문에 갈등을 사전에 예방할 수 있는 방법 마련이 필요하다. 이런 맥락에서 제주에너지공사는 제주특별자치도와 함께 2020년부터 'CFI 도민참여 거버넌스' 대행사업을 수행하고 있다. 카본프리 아일랜드 정책은 전 지구적인 기후위기에 대응하는 도민 모두의 참여활동이어야 하므로, 단순히 직접적 이해 당사자들만의 논의로 결정하도록 내버려 두는 것도 민주주의와 사회적 합의 원칙에 비춰볼 때 부족할 뿐 아니라, 그 결과에 대한 사회구성원의 동의와 지지를 이끌어내기도 어렵기 때문이다.

그래서 카본프리 아일랜드 제주 조성을 위해 다양한 도민들로부터 의견 수렴과 자문을 위한 협력적 거버넌스 체계를 구축하기 위해 전문가 및 사업자뿐 아니라, 일반도민들로 구성된 논의그룹을 출범시켰다. 전문가들은 기존에 구성된 제주그린빅뱅포럼 위원들을 포함시켰고, 사업자의 경우 직접적 이해당사자들이기 때문에 이들을 거버넌스 체계에 참여시켜야 논의 과정 및 결과에 대해서도 보다 큰 포용력을 가질 수 있다.

특히 거버넌스에서는 일반도민들의 참여가 매우 중요하다. 2020년 1월, 100명의 도민들을 지역, 성별, 연령 등 인구특성을 고려하여 선발하고, 각 읍·면·동의 추천을 받아 구성하였다. 이들에게는 카본프리 아일랜드 정책에 대해 의견을 표명하거나, 정책모니터링 및 자문의 역할을 부여하였다. 일반적인 조례에 따라 안건심의를 하는 위원회는 아니지만, 다층적 시민참여를 보장하기 위함이다. 거버넌스에 참여하는 도민들에게는 시간과 노력에 대한 실비보상 차원으로 에너지공사 내부규정에 따라 회의비를 지급하고 있으며, 앞으로는 에너지 관련 위원회의 위촉직 위원 공모 시 가점 등을 부여하는 인센티브 마련도 필요하다.

한편 도민참여 거버넌스 운영을 활성화하기 위한 기본원칙으로, 참여와 경청, 개방과 공개는 빼놓을 수 없는 내용이다. 먼저 도민의 적극적인 참여를 바탕으로 참여자의 이야기를 잘/제대로 들어야 한다. 모임 장소와 시기, 일정 등 아주 간단한 내용에서부터 정책의 무엇까지를 다뤄야 할 것인지에 대한 심도 깊은 논의에 이르기까지 원탁회의 방식을 통해 의견을 듣는 것이다.

또한 도민참여 거버넌스의 구성원은 상시 모집하는 개방적 성격을 지니는 것이 보다 더 자유로운 토론을 이끌어내는 데 도움이 될 것이며, 관련 정책 및 사업 추진에 대한 정보를 최대한 공개하여 도민 누구나 이해할 수 있는 기반 마련이 필요하다. 이러한 거버넌스의 효율적 운영을 위해 에너지-퍼실리테이터 교육 등 중간지원 인력 양성도 함께 추진해야 한다.

위와 같은 도민참여 거버넌스와 관련하여, 2019년 제주에너지공사가 주관했던 '제주특별자치도 제6차 지역에너지계획 수립'에서 그 단초를 엿볼 수 있다. 지역에너지계획은 에너지법 및 제주특별자치도 에너지기본조례에서 따라 5년마다 수립하고 있는 법정계획이다.

제주도에서는 지난 1994년 이후 2018년까지 5차례에 걸쳐 수립되어 왔는데, 2019년 6월, 상위 계획인 '3차 에너지기본계획'이 확정됨에 따라, 정부에서는 이와 연계해서 지역에너지계획 수립 시기를 통일시키기 위해 2019년 들어 전국 17개 광역시도에서 다시 수립을 추진하였다. 상위 계획 및 가이드라인에 따라 시민참여 방식을 도입해야 하기 때문에, 제주도에서는 시민참여자문위원회 구성, 시민연구단 모집 및 운영, 양 행정시에서 도민공청회 개최 등 3단계로 운영하였다.

특히 제6차 지역에너지계획은 행정계획으로는 도내에서 처음으로 시민참여 방식을 도입하였고, 그중 시민연구단은 2019년 7월 18명을 모집하여 12월까지 총 10차례 운영하였다. 위촉식을 제외하고 나머지 운영일정 및 내용들은 시민연구원들이 주체적으로 논의하고 결정하였으며, 특히 양 행정시에서 열린 2차례의 도민공청회에서는 열정적인 지원활동까지 수행하였다.

시민연구원들을 모집할 때는 에너지 관련 전문가들은 일부러 배제시키고 일반 도민들을 우선으로 선정하였다. 이들에게 그동안의 에너지 관련 계획 및 보고서 등을 배부한 뒤, 안정적 에너지공급대책, 신재생에너지, 에너지이용효율화, 법·제도 개선 등 다양한 분야의 논의 주제에 대해 사전에 알려드리고 관련 내용을 미리 숙지하여 오도록 한 후, 퍼실리테이터 및 서기를 배치한 원탁회의 방식으로 워크숍을 진행하였다. 매 워크숍마다 이들이 도출한 각 분야별 중점사업들을 바탕으로 더 많은 도민들의 의견을 듣기 위해, 양 행정시에서 2차례의 도민공청회도 개최하였다.

이렇게 시민참여 방식으로 계획을 수립하고 보니, 전문가 위주의 논의구조보다 더 다양한 의견을 수렴할 수 있었으며, 결국 계획에 참여한 분들이 이행 및 평가의 참여로도 이끌어내도록 하는 유인이 될 수 있었다. 그래서 2019년 제주 에너지 시민연구단을 확장적으로 개편하여, 2020년 도민참여 거버넌스 구축으로 이어나갔다. 그리고 제주에너지공사는 위와 같은 도민참여 거버넌스 구성과 운영의 전담기관으로 2020년부터 3년째 관련 사업을 꾸준히 추진하고 있다.

《제주특별자치도》 통권 123호(제주특별자치도, 2019년). 게재글 수정.

4

지방에너지공기업, 성공의 조건은?

창립 10주년 제주에너지공사, 신임 사장이 고민할 3가지

풍력 갈등 관리할 객관적·중립적 중간지원기구를 검토해야

지역에너지센터, 전환을 위한 거점기구가 되려면

지방에너지공기업,
성공의 조건은?

지역에너지 전담기구 설립 추진

최근(2017년) 들어 각 지방자치단체마다 지역에너지공사를 설립하려는 움직임들이 나타나고 있다. 5년 전인 2012년 7월, 전국 최초의 지방에너지공기업인 제주에너지공사가 출범하였고, 올해 2월에는 서울에너지공사도 설립되었다. 그리고 최근에는 부산시에서 타당성 검토용역에 들어간 상태이며, 이외에도 경기, 전북, 전남, 인천 등에서 관련 논의가 있다고 알려졌다.

이미 지난 8월 24일 산업통상자원부는 '제1회 재생에너지정책협의회'에서 지자체 재생에너지 보급계획 수립 및 전담기구 설립 지원 방안을 발표하였다. 이 자리에서는 지역 중심의 재생에너지 확대를 위해 서울과 제주에너지공사, 경기도 에너지센터와 같이 지자체별로 지역 맞춤형 사업을 개발하고 주민 참여를 촉진하며 갈등을 중재하는 역할을 할 전담기구 설립이 필요하다는 데 공감하고, 구체적인 방안을 논의했다.

내년(2018년) 지방선거 결과가 이런 흐름에 영향을 줄 수 있겠지만, 조만간 제주와 서울에 이어 제3, 제4의 지방에너지공사가 설립될 가능성이 높다. 현재의 중앙집중형 에너지 체제는 에너지 생산지와 소비지 사이의 거리가 멀기 때문에 발생하는 불평등이 존재하고 있다. 또한 한국전력공사(발전자회사 포함)라는 거대 국가공기업이 에너지 공급의 경제성과 효율성을 중심으로 형성되어 왔기때문에 설비의 입지로 인한 사회적 갈등이 끊이지 않고 발생했다.

이런 문제를 해결하기 위해서는 지역에서 필요한 에너지는 그지역에 부존하고 있는 자연에너지자원을 바탕으로 생산하는 지역분산형 에너지 체제로 전환해야 하고, 그 중심적인 역할은 지방에너지공사가 할 수 있다고 생각한다. 이런 맥락에서 지난 5년 전 설립되어 운영 중인 제주에너지공사 사례를 중심으로 앞으로 설립될예정인 지방에너지공기업의 성공을 위해 몇 가지 과제를 제시해보려 한다.

운영의 경제성 확보 노력해야

먼저, 공기업도 사업자이기 때문에, 공익성뿐 아니라, 운영의 경제성을 확보하기 위해 노력해야 한다. 에너지는 그 자체로 공공성을 띠고 있지만, 그것을 공급하기 위해 무리하게 설비를 갖추다 보면 재원조달의 한계로 인해 지속적인 경영을 하는 데 큰 어려움을 줄 수 있다. 지방공기업법에 따라, 공사가 발행할 수 있는 있는 회사채는 자본금의 200%라서 설립 자본금이 부족하면 대규모 사업을 위해 필요한 재원을 조달하기 어렵다.

제주에너지공사는 약 660억 원의 자본금으로 설립되었는데, 현재 건설한 육상풍력발전단지와 이것을 확대할 신규 육상풍력발전단지를 위해 회사채 발행한도에 거의 근접하였다. 그래서 최소 5,000억 원에서 수조 원에 이르는 해상풍력발전단지의 재원조달 방안이 여의치 않은 상황이다. [1]

또한 기존 제주도가 설치, 운영한 풍력발전단지를 현물출자받아 출범하였기 때문에, 조만간 노후화된 설비를 지속적으로 새로운 설비로 교체하는 비용이 발생할 것이다. 따라서 대규모 에너지인프라를 효율적으로 관리하기 위해서 지방에너지공기업은 5년 또는 10년 단위의 중장기 재정운영계획을 수립해서 소요예산과 재원조달방안을 치밀하게 마련해야 한다.

사업의 다각화와 주민복리증진을 고민해야

다음으로, 기존에 존재하는 한전과 민간 에너지사업자와의 관계이다. 이는 지방에너지공기업의 사업영역을 어떻게 구상할 것인지의 문제이기도 하다. 최근에 논의되는 대부분의 지방에너지공사의 신규 사업영역은 태양광을 기본으로 한 재생가능에너지이다. 그런데 한국전력의 발전자회사 등 신재생에너지공급의무화제도(RPS)의 적용을 받는 발전회사뿐 아니라, 소규모 에너지협동조합에 이르기까지 태양광사업자들은 매우 넓게 분포하고 있다. 또한 발전분야 이외에도 가스와 집단에너지는 이미 민간사업자들의 영역이다. 따라서 새롭게 신설되는 지방에너지공기업에서는 어떤 사업을 통해 지역분산형 에너지 체제로 전환하면서, 지역주민의 에너지복리를 증진시킬 것인지 고민해야 한다.

제주에너지공사는 제주도로부터 현물출자받은 설비가 대부분 풍력발전이고, 신규로 풍력발전단지를 건설하여 풍력발전을 주로 운영하고 있지만, 관련 조례에 따르면 신재생에너지 이외에 석탄, 석유, 가스 등의 생산, 수송, 분배, 판매 및 그 밖의 이와 관련된 사업을 수행할 수 있다. 즉, 법적으로 대부분의 에너지 사업을 수행할 수 있도록 해두었기 때문에 단순히 재생가능에너지에만 그치는 것이 아니라, 한전과 발전자회사들이 하지 못하는 에너지사업에 보다 적극적으로 뛰어들 수 있도록 가능성을 열어두었다. 예를 들어, 조만간 제주도에 공급될 LNG와 관련된 사업뿐 아니라, 석유류 비축사업에도 참여하여 섬의 안정적 에너지 공급에도 기여할 수 있을 것이다.

지역에너지분권으로 나아가야

위에서 간략히 언급한 지방에너지공기업의 성공조건을 달성하기 위해서는 무엇보다는 중앙정부에서 지방자치단체로 에너지권한 이양과 함께 한전의 구조개편을 동시에 논의해야 제대로 된 결과로 이어질 것이다. 그렇지 않으면 예전대로 한전 중심의 에너지 체제는 바뀌지 않을 가능성이 높다.

막대한 재원을 보유하고 있는 한전이 재생가능에너지 사업에 진출하면, 안 그래도 예산이 부족한 지자체에서 설립한 지방에너지 공기업들은 무엇을 할 수 있을까? 따라서 지방자치단체의 지방에너지공기업 설립과 운영은 자치단체장의 성과로만 수렴되서는 안되고 개발주의 국가에서 형성된 중앙집중형 에너지 체제를 지역분산형으로 전환하는 계기로 삼아야 한다.

<프레시안>, 2017년 10월 10일.

창립 10주년 제주에너지공사,
신임 사장이 고민할 3가지

  민선 8기 오영훈 도정 출범에 따라, 자리가 비어있는 도 산하 기관장들에 대한 임명이 이뤄지고 있다. 10년 전 제주특별자치도의 3번째 지방공기업으로 출범한 '제주에너지공사' 사장도 직전 4대 황우현 사장이 내년 3월까지 임기가 남았지만, "새 술은 새 부대에 담아야 한다."면서 새 도정 출범과 동시에 사직함에 따라 신임 사장 공모를 추진하고 있다.

  최근 언론보도에 따르면 제주시장 공모는 1명만 접수를 해서 기간을 연장한 것과는 달리, 제주에너지공사 사장에는 무려 11명이나 원서를 접수했다고 한다. 내정자가 없었던 것인지, 아니면 내정자가 있다는 소식을 듣지 못한 것인지는 잘 모르겠지만 에너지 분야의 전문성을 요하는 자리에 상당히 많은 분들이 자원을 한 점은 특이하다.

사실 '공모'라면 원래 '사전 내정자'라는 것이 존재하지 않는 게 맞다. 그럼에도 그간 여러 차례 원칙대로 되지 않는 사례를 많이 보다 보니, 누군가 필자에게도 사전 내정자가 있는지 확인 전화를 한 적이 있기도 했다. 제주에너지공사가 필자의 전 직장이기는 하지만, 지금은 제주가 아닌 서울에서 일을 하고 있고, 필자 또한 오영훈 도정의 측근도 아니어서 내정자의 존재 유무를 알 수 있는 위치도 아니다.

그럼에도 가능하면 훌륭한 분들이 많이 지원을 해서 에너지공사의 조직발전과 제주의 에너지전환을 위해 지원자가 갖고 있는 전문적 지식과 다양한 경험, 그리고 풍부한 인적 네트워크를 활용하면 좋겠다는 생각에서 "내정자가 있다는 소식은 듣지 못했다."라고 답변했다. 어쨌든 듣지 못한 것은 사실이니까.

며칠 전 다른 경로를 통해 들은 소식은 임원추천위원회가 11명 중에서 서류 전형을 통해 몇 명을 탈락시키고, 면접심사를 통해 최종 2배수 사장 후보자를 선정했다고 한다. 그중 어떤 분이 낙점되어 도의회 인사청문회를 거치고 차우진, 이성구, 김태익, 황우현에 이어 제주에너지공사 제5대 사장이 될지는 모르지만, 지난달 창립 10주년을 맞이한 제주에너지공사의 지속가능한 경영을 위해 다음의 몇 가지 제안을 함께 고민해주시기를 바란다.

직원 복리 및 역량강화를 지원해야

첫째, 직원들의 복리 및 역량 강화가 가장 중요하다. 사장과 일을 함께하는 사람은 그 누구보다도 회사의 직원들이다. 그런데 최근 몇 년 동안 해마다 제주에너지공사 정규직원의 10% 정도씩 퇴사를 하고 이직을 했다. 대부분 20~30대 하위직급들이고, 연봉 및 근무여건 등 보다 좋은 조건을 보고 결정을 했다.

50여 명 규모의 작은 조직에서 이렇게 수년 동안 몇 달에 1명씩 이탈(?)하는 모습을 보면, 남아있는 직원들에게 주는 영향은 매우 크다. 심리적 동요가 일어나고, 새로운 인력을 충원하기까지 업무가 더 늘어나기도 한다. 전문적인 역량을 쌓을 수 있는 여건은 부족해진다. 이런 악순환이 더는 반복되서는 안 된다.

따라서 직원들이 에너지전환에 대한 사명감과 더불어 조직에 대한 자부심을 갖고 현업에 임할 수 있도록 격려하고, 해당 분야의 업무추진을 위한 역량강화를 위해 적극 지원해야 한다.

공공개발자 역할 지속 수행히야

둘째, '육해상 풍력발전 사업시행예정자'로서의 역할을 지속적으로 수행할 수 있어야 한다. 지난 2015년 9월, 원희룡 도정에서 발표한 '공공주도 풍력개발 투자활성화 계획'에 따라, 그해 10월 제주에너지공사는 올해 말까지 '육·해상 풍력발전 사업시행예정자'로 지정되어, 육상 151MW, 해상 702MW를 개발하기로 했다. 그런데 7년이 지난 현재, 105MW 규모의 한동평대 해상풍력과 21MW 규모의 행원 보롬왓 육상풍력만이 풍력발전지구로 지정되었고, 아직 최종 인허가를 완료하지 못했다.

공공주도 풍력발전 사업시행예정자로서 제주에너지공사는 무분별한 난개발을 억제하고 체계적인 개발을 위해 노력을 해온 점은 인정이 되나, 실제 발전기 설치 가동 운영으로 이어지는 성공적인 사례를 만들지 못한 점에 대해서는 그간의 과정을 되짚어보고 보완점을 마련해야 한다.

그러나 연말까지 얼마 남지 않은 시간은 에너지공사에 유리하지는 않다. 민간사업자를 중심으로 제기된 "7년을 기다려왔으나 제대로 된 역할을 하지 못한 제주에너지공사의 사업시행예정자 지위를 박탈하고, 민간주도로 속도감 있게 추진해야 한다."는 주장도 힘을 얻고 있는 시점이기에 제주에너지공사의 존립을 위한 신임 사장의 역할은 매우 막중하다.

최근 인천을 비롯한 다른 지역에서도 대부분 민간이 추진하고 있는 재생가능에너지 개발사업으로 인해 발생하는 민원을 해결하고 주민수용성을 증진시키면서, 지역주민 지분 참여를 통한 난개발 방지 및 개발이익 공유를 위해 '지역에너지공사' 설립을 지속적으로 검토하고 있다.

그 점에서 전국 최초의 지방에너지공기업인 제주에너지공사는 선행 검토 사례가 되고 있기 때문에, 제주에너지공사의 과거와 현재는 앞으로 전국 각지에서 설립될 지역에너지공사의 미래라는 생각을 바탕으로, 자치분권 2.0 시대에 맞춰 지역주도의 에너지전환을 위한 핵심기구로서의 역할을 충실히 할 수 있도록 기능을 강화해야 한다.

신규사업개발 꾸준히 추진해야

셋째, 경영성과 창출을 위한 신규 사업 개발을 꾸준히 추진해야 한다. 지방공기업은 관련 법률 및 기준에 따라, 공공성과 기업성을 동시에 달성하는 것이 목적인 조직이다. 일종의 공공업무대행기관의 성격을 띠고 있는 공단과는 달리 공사는 일종의 회사이고, 기업성이 매우 강하며 경영수익 창출이 중요하다. 실제로 지방공기업법에 정하여지지 않은 사항은 상법 중 주식회사에 관한 규정을 준용한다.

공사는 설립 초기 자치단체의 출자를 통해 자산을 형성한 이후, 목적사업을 통해 필요한 비용은 스스로 조달해서 사업에 투자하고, 결산 결과 수익이 발생하면 배당금의 형태로 자치단체의 재정 안정화에 기여할 수 있어야 한다. 만약 공사가 공단이나 재단처럼 매년 재정지원을 필요로 한다면 설립 계획이 잘못된 '정책 실패'이자, 경영을 제대로 못 한 '공기업 실패'라고 할 수밖에 없다.

제주에너지공사는 '풍력발전공사'만이 아닌데도 불구하고 그간 풍력발전 위주의 사업에만 집중한 결과, 풍력발전 이외에 조례와 정관에 명시된 다른 에너지사업은 제대로 된 검토조차 못 했다. 그러는 사이 도내 유가 급증, LNG 보급에 따른 도시가스 전환 등 정작 대부분의 도민들에게 직접 와 닿는 에너지 문제는 도외시되었다.

심지어 그러한 풍력발전마저도 제대로 추진되지 못하고 있어서, 2015년 9월 동복·북촌 풍력단지 준공 이후 7년간 신규 풍력발전 건설 실적은 전무한 데다가, 노후화된 발전기는 철거를 해버려 총 발전설비 규모는 오히려 줄어들었다.

그렇다고 기술적 성숙도가 낮고, 관련 시장제도가 미비하여 사실상 수익사업으로 볼 수 없는 연구개발사업을 무분별하게 추진하는 것은 오히려 장기적인 경영관리에 악영향을 줄 수 있다. 에너지공사는 직접 에너지개발사업을 하는 추진기관이지, 국가출연연구기관 같은 연구개발중심기관도 아니고, 테크노파크 같은 사업진흥기관도 아니기 때문이다. 따라서 연구개발사업도 공사의 사업투자 및 경영성과 창출전략과 연계하여 결정해야 한다.

조만간 제5대 제주에너지공사 사장으로 오실 분은 직원 복리 및 역량 강화, 공공주도 풍력개발 사업시행예정자 지위 연장뿐 아니라, 목적사업인 에너지개발을 통한 경영수익 창출 및 도민의 에너지 복리 증진을 위해 개인의 영달보다는 조직과 지역의 발전을 위해 헌신하고 봉사할 수 있는 사람이 임명되어야 한다.

〈제주의소리〉, 2022년 8월 23일.

풍력 갈등 관리할
객관적·중립적 중간지원기구를 검토해야

제주도 해상풍력 갈등의 해결책은?

지난 금요일(2022년 9월 30일), '한국의 갈등현안과 갈등관리 시스템'을 주제로 제주특별자치도와 단국대 분쟁해결연구센터, 그리고 제주도 사회협약위원회가 공동 주최한 '2022 전국갈등관리포럼'이 제주에서 열렸다. 김태석 전 제주도의회 의장의 기조연설에 이어 3가지 세션이 차례로 열렸는데, 마지막 세션의 주제가 '제주해상풍력갈등'이었다.

주제발표자인 김주경 제주대 행정학과 교수는 "갈등은 참여자의 태도와 그룹에 따라 가치갈등, 관계갈등, 이해갈등으로 구분할 수 있다."라면서 한림해상풍력과 대정해상풍력의 사례를 소개하였다. "두 사업은 내용은 비슷하나 사업 진행 상황이나 갈등관리가 확연히 차이나고 있다."라면서 "이해당사자의 차이 및 주장 내용의 강도가 다르다."고 분석하였다. 그래서 대정해상풍력의 경우에는 제주도 갈등 조례에 따른 갈등조정협의회를 구성할 필요가 있다고 제안하였다.

지정토론에 참석한 이들은 환경훼손 최소화, 주민수용성 증진, 개발이익공유화(좌광일 제주주민자치연대 사무처장) 또는 에너지분권, 재생에너지총량제, 주민참여형 사업모델 필요(조문욱 제주일보 기자) 등을 주요 과제로 제시했다. 필자도 이 세션에 지정토론자로 초청되었는데, 지난 10여 년간에 걸쳐 입법화되어 추진되온 제주도 풍력자원의 공공적 관리정책에 대해 설명하고, 향후의 과제를 제안했다. 여기서 간략히 그 내용을 전하면 다음과 같다.

첫째, 주제발표자가 소개한 한림해상풍력과 대정해상풍력은 제주도 풍력자원의 공공적 관리 정책이 제도화되기 이전인 2010년과 2011년에 제주도정과 업무협약을 체결하여 추진해온 사업이라 공공자원화 정책이 제대로 적용되지 못했다는 아쉬운 점이 있다.

특히 2012년 설립된 지방공기업인 제주에너지공사의 참여 또는 2015년 발표한 공공주도의 풍력투자활성화계획 등 현재 육·해상풍력발전 개발사업의 기본 방향과는 다소 다른 형태이므로, 해당 사업을 일반적인 제주지역 해상풍력발전 개발사업이라고 보아서는 안 된다.

둘째, 갈등은 사회의 기본적인 현상으로 그것을 부정적으로만 볼 필요는 없다. 오히려 사회갈등이 현재보다 현저히 적었던 시절은 사회의 다양한 목소리를 폭압적으로 억눌렀던 권위적인 시대였다는 사실을 역사 교과서에서 확인할 수 있다.

또한, 갈등은 표면적으로 드러난 사회현상이기 때문에, 그것이 왜 그렇게 드러났으며, 그리고 아직 드러나지 않은 것은 무엇인지를 동시에 파악해야 한다. 즉, 피상적인 것에만 집중하다가 큰 줄기를 놓칠 수 있기 때문에, 에너지 개발을 둘러싼 사회갈등은 '에너지전환'이라는 커다란 사회변화의 맥락에서 분석해야 한다. 그리고 궁극적으로 갈등이라는 사회 각 주체가 발산하는 에너지를 사회변화의 긍정적 힘으로 유도할 수 있어야 한다.

에너지전환 위한 중간지원기구 필요하다

사회 운영의 물리적 토대를 제공하는 에너지원과 그 생산·공급·유통·소비 구조를 바꾸겠다는 '에너지전환'은 필연적으로 갈등이 발생할 수밖에 없다. 기존의 에너지원을 기반으로 한 사회세력은 기득권이 되어 변화에 저항하거나 또는 무방비 상태로 변화의 거대한 파도에 휩쓸려 해체될 수도 있다. 따라서 에너지전환 과정의 혼란과 갈등을 최소화하고 재빠른 전환과 재구조화를 위해서는 중립적이고 객관적인 위치에서 관련 역할을 전담하는 중간지원기구가 필요하다.

하나의 조직이나 기관이 모든 역할을 다 할 필요는 없으며, 영리조직 및 비영리조직 등 각 조직의 특성에 맞게 각 역할을 부여하고 상호 협력 및 조율을 할 수 있을 것이다. 먼저 제주에너지공사와 같은 영리조직은 '공공자원 관리기관'으로서의 역할을 할 수 있다. 에너지개발사업 관련 자원조사 및 부지발굴, 투자자 공모 등의 업무를 추진할 수 있고, 지역 에너지자원의 공공적 관리·개발을 위한 '공공 개발자(디벨로퍼)'가 될 수도 있다.

이와 달리 비영리조직은 개발이익 운용기관, 거버넌스 운영기관, 지역전환 교육기관의 역할을 맡을 수 있을 것이다. 현재 산업통상자원부가 시범사업으로 추진 중인 '지역에너지센터'의 주요업무이기도 하고, 탄소중립기본법에 따른 '탄소중립지원센터'와 연계하여 추진할 수 있으며, 지역의 특성을 반영하여 중간지원조직의 사업내용을 선정할 수 있다.

구체적으로 언급하자면, '개발이익 운용기관'은 지역 부존 재생에너지 개발이익의 지역환원을 재원으로 한 기금을 운영할 수 있다. '제주도 풍력자원 공유화기금'을 단순히 제주도가 직접 운용하는 것이 아니라, 이런 전담기관을 통해 전문적인 운용을 할 수 있을 것이며, 재생에너지 사업에 대한 주민투자 시, 융자 및 이차보전 등의 사업지원도 할 수 있다. '거버넌스 운영기관'은 지역사회 내 탄소중립과 에너지전환에 대한 상시적 정보제공 및 의견수렴, 주민수용성 증진을 주요업무로 할 수 있고, '지역전환 교육기관'은 에너지전환 교육홍보를 추진하고 이를 위한 교육지도자 양성 및 교재·교구 개발 등을 할 수 있다.

위와 같은 내용은 현재도 제주에너지공사가 '공공주도 육·해상 풍력개발 사업시행예정자' 지위를 통해서나, 제주도의 예산지원을 통한 '대행사업'을 통해 상당 부분 수행하고 있기도 하다. 그렇지만 현 상태 그대로 계속하는 것이 좋을지, 아니면 보다 나은 방법이 있을지는 철저한 평가를 통해 재점검을 해야 한다. 무엇이 우리 모두에게 최선의 결과로 이어질지는 도민사회가 함께 고민해봤으면 좋겠다.

〈제주의소리〉, 2022년 10월 4일.

지역에너지센터,
전환을 위한 거점기구가 되려면

2021년 3월, 산업통상자원부는 지역 에너지전환 역량 강화를 위해 기초 지방정부를 대상으로 '지자체 지역에너지계획 및 센터 시범사업'을 공모했다. 전국 기초 지방정부 226개의 10% 정도인 25개소를 모집하여 지원하는 사업이다.

3차례의 사업공고를 통해 센터 설립 20개소 및 지역에너지계획 수립 20개소(중복 산정) 등 총 26개의 기초 지방정부를 선정하였다. 사업비는 국비와 지방비(기초) 각각 5:5이며, 이를 위해 산업부는 계획수립에 2,500만 원, 그리고 센터 운영에 1억 원(각각 1개소당)을 지원하기로 했다.

또한 지역에너지센터 시범사업을 위해 사업설명회와 세미나, 컨설팅 등을 개최하여 지방정부의 기획역량을 제고할 수 있도록 지원하였고, 지역에너지계획 수립 전문교육과정을 온라인으로 운영하여 담당자 맞춤형 교육도 추진하였다. 올해 2월에는 여의도의 한 호텔에서 시범사업에 참여하는 기초정부와 함께 '지역에너지센터 지자체 협의회 준비위원회 출범식'까지 성대하게 개최하였다.

그런데 최초 사업공고를 한 지 1년이 더 지난 현재, 시범사업이 계획대로 잘 된다는 소식들이 들려오지 않고 있다. 심지어 어떤 지역은 앞으로 추가 예산이 많이 들 것을 우려하여 사업 포기를 결정했다는 소문도 있어서 무엇이 문제인지 짚어볼 필요가 있다.

예산 없고, 법적 근거도 미약한 지역에너지센터

지역에너지센터 사업은 지난 2019년 6월 수립된 '제3차 에너지 기본계획'에 근거하고 있다. 계획에 따르면 "지역 주도의 에너지정책 실현을 위한 거점으로서 지자체별 지역에너지센터를 지자체 자율적으로 설립 운영"하고 "지역에너지계획 수립 지원, 각종 에너지 분야 지원금의 효율적 활용 전략 마련, 그리고 에너지분야 지역 지원사업의 위탁·관리, 지역 특성에 맞는 사업 발굴·기획, 에너지 분야 교육·홍보 및 소통의 매개체 역할을 수행"한다고 되어 있다.

그러나 현장 방문과 전화조사, 시민워크숍 참가 등 기초 지방정부를 대상으로 사업에 대한 자문과 조사를 꾸준히 진행해보니 사업 추진이 쉽지 않겠다고 느꼈다.

먼저, 일을 하려면 사람이 필요한데 이 사업비로는 인건비 지급이 불가능했다. 국비 1억 원과 지방비 1억 원 등 1년 사업비가 총 2억 원이다. 이 사업을 추진할 인력에 대한 예산은 별도로 편성해야 한다. 사실상 지방정부가 투입하는 예산은 50%가 아닌 70~80%로 높아질 수밖에 없다.

물론 이마저도 예산 여력이 있다면 가능하겠지만, 코로나 대응 등으로 대부분 예산이 부족한 지방정부 입장에서는 추가 지원은 어려운 실정이다. 결국 사업계획서를 작성한 직원이 그 사업을 추진해야 하는 입장에 내몰리게 되어, 결과적으로는 업무 과중에 빠지게 되는 역설적인 구조가 되었다. 기존업무 추진도 빠듯한 상황에서 인력지원 없이 새로운 업무까지 부여된다면 사업의 질은 떨어질 수밖에 없다.

또 지역에너지센터의 역할에 대해 중앙정부와 지방정부, 그리고 시민사회에서 서로 다르게 인식하고 있었다. 어떤 쪽은 재생에너지 보급 및 확산과정에서 발생하는 갈등을 예방하고 관리하는 업무를 주요 역할로 보고 있었고, 다른 쪽은 지역의 에너지 관련 거버넌스 구성 및 교육·홍보를 중심업무로 보고 있기도 했다.

지역에너지센터에 대한 법적 근거도 해당 지역의 에너지 기본조

레에는 있지만 일반 법률에는 없다. 현재 시행 중인 '탄소중립기본법'에 따른 '탄소중립지원센터'와 비교해 설립 근거가 부족하다거나 역할이 중복된다는 지적도 나온다.

이외에도 기초 지방정부의 권한 및 예산 부족, 그리고 중앙정부의 기초 지방정부 및 지역사회에 대한 이해 부족과 하향식 정책추진이라는 고전적 문제점이 존재했다.

사회적 갈등 해결하는 지역에너지센터 위해서는

현재 기초 단위 지역에너지센터는 충남 당진시(2019년~), 전북 전주시(2020년~) 등 기초 지방정부 자체 예산으로 지역민간단체로 위탁 운영을 하고 있다. 지역에너지 전환을 위한 전담기구로서 큰 역할을 맡는다.

앞으로 지역차원에서 기후위기에 대응하고 탄소중립을 실현하려면 이런 모델의 전국적 확산은 시급하고 꼭 필요한 일이다. 과거처럼 중앙정부가 주도하고 대기업이 참여하는 방식으로 인해 나타난 사회적 갈등을 해결하기 위해서도 지역 에너지전환은 다른 모습으로 실행되어야 한다. 지역에너지센터는 동네 현장에서 주민들을 조직하고 지원하는 중심 기구가 될 수 있다.

중앙정부의 '시범사업'이라는 성격에 걸맞게 사업비를 증액하고, 5:5 매칭이 아닌 100% 국비 지원 및 전문가의 전담 자문 등 대폭적인 지원도 검토해야 한다. 또한 현재 발의된 에너지법 개정안에서처럼 '탄소중립지원센터'가 수행할 에너지전환 관련 업무를 지원하는 방향으로 센터 목적을 설정하고, 기초 정부 단위 수준에서는 지역에너지센터를 통합운영하는 방안과 함께 시민사회의 적극적인 참여를 이끌어내도록 노력해야 한다.

〈프레시안〉, 2022년 6월 3일.

5

카본프리 아일랜드, 민선 8기에도 계속될까?

윤석열 정부 에너지정책 방향과 제주도 대응전략

제주도 기름값은 섬이라서 비싼가?

제주, 탄소중립의 테스트−베드로만 그치지 않기를!

'카본프리 아일랜드'
민선 8기에도 계속될까?

아직 7월 초인데도 8월의 불볕더위 같은 폭염이 기승을 부리기 시작했다. '기후변화'라는 말이 더는 현재 상황을 설명해주는 객관적인 표현이 아니므로 '기후위기'로 불러야 한다는 말이 설득력을 얻은 것 같다. 더 나아가 '기후재앙' 또는 '장기비상사태'가 이미 도래했는지도 모르겠다.

이미 수십여 개의 국가들이 2050년을 목표로 탄소중립을 선언하였고, 우리나라도 올해 3월 25일 시행된 '기후위기 대응을 위한 탄소중립 녹색성장 기본법'을 통해 전 세계에서 14번째로 탄소중립 목표를 법제화하였다. 우리나라 기후변화의 최전선, 제주도는 자연생태 및 사회경제 분야에서 다양한 변화들이 예전부터 관찰 보고되었고, 그로 인해 10여 년 전부터 지역 차원의 기후변화 대응정책을 추진하고 있다.

그중 에너지전환 분야에서 '카본프리 아일랜드'(탄소 없는 섬) 정책은 김태환 지사 시절인 2008년 고유가에 대비한 중장기 계획으로 처음 언급되었고, 우근민 지사 때인 2012년에는 기존 계획보다 보급목표를 과감히 확대한 100% 재생에너지와 목표연도를 2030년으로 절반이나 앞당겼으며, 원희룡 도정에서도 전기자동차 보급에 중점을 두어 더욱 박차를 가했던 우리나라의 대표적인 '지역 지속가능발전 정책'이었다.

그렇다면 '카본프리 아일랜드' 발표 이후 '네 번째' 제주특별자치도지사로 취임한 오영훈 도정에서도 카본프리 아일랜드 정책이 계속 이어질 것인지 궁금해졌다. 지난 7월 1일, '도민 정부시대'를 기치로 내건 민선 8기 오영훈 제주도지사는 취임식에서 "다 함께 미래로, 빛나는 제주를 만들겠다."고 선언하면서, "1차산업과 관광산업뿐 아니라, 수소경제와 에너지산업 등 새로운 미래 신산업 육성에 적극 나서겠다."고 했으며, "청정 환경의 지속가능성 확보 정책 시행 등을 위해 최선을 다하겠다."는 의지를 피력했다.

환경보전과 에너지전환에 대한 의지가 구체적으로 드러난 자료는 지난 6월 말 제39대 제주도지사직 인수위원회인 '다 함께 미래로 준비위원회'가 발표한 '민선 8기 도민 도정 정책과제'에서 찾아볼 수 있다. 위원회는 '제주형 기초자치단체 도입'을 비롯해 7개 분야 총 101개의 과제를 선정하였다.

그중 직접적으로 에너지와 관련된 정책과제는 5개가 있고(60번~64번), 그 외 '탄소/탄소중립' 또는 '수소' 등 에너지 관련 표현이 하나라도 들어간 과제는 농업 및 녹지, 관광, 노동, 제도 및 생활실천 분야를 포괄하여 8개가 있었다. 전체 101개 중 에너지 관련 과제가 13개 정도로서 약 13% 정도가 에너지 관련 정책인 셈이다. 여기에 자연생태 및 해양, 생활환경, 물 등 환경 분야 과제 7개까지 포함하면 기후·환경, 에너지 분야 정책과제가 20개나 되어 결코 적은 숫자는 아니다.

우선 눈에 띄는 내용은 풍력발전과 마찬가지로 대규모 태양광발전사업(3MW 이상)에도 공공적 관리제도를 도입해 사업허가 권한 이양과 개발이익 공유화제도를 도입하겠다는 점이다(60번). 최근 중산간 목장지대를 중심으로 대규모 태양광발전이 들어서고 있으며, 이로 인해 중산간 경관 변화를 초래할 것이라는 우려가 크다.

특히 현재 문제가 되고 있는 풍력발전에 대한 출력제한이 전력소비량이 비교적 적은 낮 시간에 태양광발전이 가동됨에 따라 변동성 재생에너지 생산량이 상대적으로 많아져서 나타나고 있는 현상임을 감안할 때, 61번 정책과제에서 제안한 분산에너지 기술(대규모 에너지저장장치 및 P2X: 그린수소, 열에너지전환, 모빌리티 활용 등)의 성숙 및 경제성 확보가 함께 진행되지 않으면 지금의 문제는 심화될 수 있다.

　다음으로 63번 과제로 제시된 '에너지전환에 따른 사양화 산업의 업종전환 지원'도 최근 관심이 집중되는 '정의로운 전환'의 맥락에 부합하는 중요한 대목이다. 이미 제주도는 2013년부터 전국 최초로 전기자동차 민간보급사업을 추진함에 따라 경정비업체, 주유소 및 가스 충전소 등 내연기관 관련 업계에 악영향을 주고 있다.

　탄소중립 사회 실현을 위해 불가피하게 화석연료 관련 산업은 퇴출당할 수밖에 없기 때문에, 사회공공성 강화를 위해 해당 산업에 종사하는 노동자 및 중소상공인에 대한 부담을 사회적으로 함께 나눠야 한다. '탄소중립기본법'에서도 '정의로운 전환' 개념을 포함시켜 사회적·경제적 불평등이 심화되는 지역 및 산업의 현황을 파악하고, '정의로운 전환 특별지구 지정 및 정의로운 전환 지원센터 설립·운영' 등 관련 지원 대책을 마련하도록 규정하였다.

　이 과제는 86번 '노동기본권 보장 강화를 통한 노동존중 제주 실현'에 제시된 '탄소중립 선도도시 추진에 따른 〈(가칭) 정의로운 노동전환 조례 제정〉 추진'과 직접적으로 연계될 수 있다. 그런데 다른 정책과제에서도 보이는 '연계과제'라는 표시가 눈에 보이지 않아 101개 정책과제의 상호 연결성 검토는 미흡한 점으로 남는다.

　한편 62번 과제인 '글로벌 탄소중립 메카 도약을 위한 국제대회 유치 추진'은 제33차 UN기후변화협약 당사국 총회(COP)를 유치하겠다는 목표로, 에너지정책 과제라기보다는 관광 분야인 MICE(국제회의, 인센티브관광, 컨벤션 및 전시)에 포함시키는 것이 더 적절할 듯하다.

그런데 전국의 지방자치단체들이 수년 동안 나서서 조례도 만들고 서명운동을 벌였던 'COP28' 유치운동이 지난해 말 외교부 장관이 아랍에미레이트(UAE)에 양보함에 따라 너무나도 허무하게 끝나버린 경험이 아직도 생생하다. 이런 시점에 다시금 COP 유치를 언급한 것은 마음의 상처를 받은 제주도민들의 참여 동력을 끌어내기에는 아직 이른 것 같다.

특히 개발주의 시대의 기본 덕목이었던 선진국 따라잡기를 위해 올림픽과 월드컵 등 대규모 국제대회 유치를 통해 우리나라도 다른 나라처럼 잘살고 있다고 외국 사람들에게 과시하고 싶었던 심리가 아직도 작동하는 듯해 씁쓸함이 남는다.

이미 10년 전 1만 명이 넘는 사람들이 참가한 환경 분야의 올림픽이라던 세계자연보전연맹(IUCN)의 4년 주기 국제회의인 '세계자연보전총회(WCC)'를 제주에서 개최한 바 있다. 2015년 프랑스 파리에서 열린 제21차 기후변화협약 당사국 총회(COP21)에서는 당시 박근혜 대통령과 원희룡 도지사가 참석해 제주도의 카본프리 아일랜드 정책을 널리 홍보하였다. 또 제주도는 작년 말 스코틀랜드 글래스고에서 열린 제26차 기후변화협약 당사국총회(COP26)에서 개발도상국의 기후 목표 이행 및 투자 촉진을 위한 P4G 최우수파트너십 어워드에서 에너지분야 최우수파트너십을 수상하기도 했다.

이처럼 제주도가 아직 잘 알려진 게 아니라, 오히려 이 분야에서는 제대로 알려져 있는 셈이다. 기후위기에 대응하기 위한 지역 에너지전환 모델로서 '카본프리 아일랜드 제주'의 목표는 풍력발전기와 전기자동차를 생산해 팔아서 이익을 얻는 것이 아니라, 인구 100만 내외 도시에서 햇빛과 바람, 그리고 전기자동차를 통해 에너지를 자립하는 시스템을 구축 운용하는 것이 궁극적 목적이다.

이를 제주도에서 먼저 구현한 뒤에 제주와 규모가 비슷한 전 세계 수백, 수천 개 도시의 탄소중립 실현을 위해 수출하는 것이라 생각한다. 이것이야말로 제주도가 에너지전환을 선도하는 목적이고, 지구의 지속가능성에 기여할 수 있는 가장 핵심적인 전략이다.

그렇다면 이미 개최되고 있는 국제대회를 유치하는 것도 의미가 없지 않겠지만, 그런 경험을 여러 번 해본 제주로서는 이제부터라도 제주만이 가진 독보적인 경험과 전략을 국제화하는 방향으로 전환해보는 것도 필요하다.

올해로 9년째 제주에서 개최되고 있는 '국제전기자동차엑스포'라든지, 여러 해 전에 개최되었다가 중단된 '아시아풍력에너지박람회'와 같이 제주에서 하고 있거나 시도했던 여러 국제행사들에 대한 진단과 분석도 필요하고, 녹색ODA(공적해외원조)처럼 제주의

에너지전환 경험을 다른 나라에 전파하는 사업도 점진적으로 추진해봤으면 한다. 지난해 말 수립된 제주도 최상위 법정계획인 '제3차 제주국제자유도시종합계획'에도 "국내외 기구에서 추진하고 있는 ODA 사업과 연계하여 CFI 2030 모델의 해외수출 및 수출지역이 참여하는 글로벌 네트워크 구축"이 포함된 바 있다.

앞서 간략하게 살펴보았듯이, 인수위원회에서 제시한 정책과제는 민선 8기 오영훈 도정의 청사진이라 할 수 있고, 이를 실현하기 위한 구체적인 작업은 결국 도정 및 유관기관의 조직과 인력에 달려 있다고 할 수 있다.

아직 그 방향이 드러나지 않아 꾸준히 지켜봐야겠지만, 지난 10년 동안 제주도 에너지 정책의 대표적 명칭이었던 '카본프리 아일랜드'라는 표현이 제목이나 주요 내용에서 언급되지 않았다는 점은 아쉬울 따름이다. 또 기술은 시민과 함께 가야 사회갈등을 최소화할 수 있는데, 단순한 주민참여 투자를 넘어서 정책 수립 및 집행, 그리고 평가를 시민과 함께할 수 있는 시민참여 거버넌스에 대한 고민도 찾아보기 힘들었다. 첫술에 배부르랴만, 카본프리 아일랜드 제주의 세계적인 모델화 및 오영훈 도정의 성공을 위해서 현재 제시된 과제의 원활한 추진과 함께 부족한 점을 보완할 수 있는 노력이 있기를 기대해 본다.

〈제주의소리〉, 2022년 7월 5일.

윤석열 정부 에너지정책 방향과
제주도 대응전략

윤석열 정부,

원전 확대 중심의 에너지정책 공식발표

　지난 7월 5일, 윤석열 대통령이 주재한 국무회의에서 관계부처 합동으로 '새 정부 에너지정책 방향'을 심의 의결하여, 새로운 에너지정책 목표와 방향을 제시했다. 기후변화 대응과 에너지 안보 강화, 에너지신산업 창출을 통한 튼튼한 에너지시스템 구현을 비전으로 하여, 목표연도인 2030년도에는 원전 비중을 현재의 27.4%에서 30% 이상 확대하고, 화석연료 수입 의존도 81.8%에서 60%대로 낮추며, 에너지 혁신벤처기업도 2배 수준인 5,000개로 늘린다는 목표를 세웠다.

이를 실현하기 위한 5대 정책 방향으로는 ①실현 가능하고 합리적인 에너지 믹스의 재정립, ②튼튼한 자원·에너지안보 확립, ③시장원리에 기반한 에너지수요 효율화 및 시장구조 확립, ④에너지 신산업의 성장동력화 및 수출산업화, ⑤ 에너지복지 및 정책수용성 강화를 제시했다.

정부는 이번 정책발표를 통해 '에너지전환 로드맵'(2017. 10월)과 '제3차 에너지기본계획'(2019. 6월) 등 원전의 단계적 감소를 명시한 전임 문재인 정부의 정책을 대내외적으로 대체한다고 밝히면서, 탄소중립과 에너지 안보를 위한 원전 활용도 제고를 새로운 정부의 정책으로 공식화했다.

그리고 올해 말 수립 예정인 '제10차 전력수급기본계획'과 탄소중립기본법에 따라 내년 3월을 목표로 수립되고 있는 '국가 탄소중립 녹색성장 기본계획' 등 각종 법정계획에 반영하여 정책을 구체화하고 실행력을 확보할 계획이다.

이렇듯 윤석열 정부의 원자력발전 확대라는 입장은 지난 대선 과정뿐 아니라, 제20대 대통령직인수위원회의 에너지 정책방향(2022. 4. 28.)과 새 정부 국정과제(2022. 5. 3.) 발표를 통해 이미 여러 차례 확인된 사실이었고, 국무회의 의결을 통해 공식화한 것이다.

야당과 환경단체의 원자력 확대에 대한 우려 입장

이에 대해 환경단체와 야당에서는 원자력 확대 위주의 에너지정책에 대해 반발하는 입장을 즉각 발표하였다. 국무회의가 있던 날, 환경운동연합은 "원전만능 정책으로 기후위기를 막을 수 없다."라는 논평을 통해, "국제적으로 더욱 확대되는 재생에너지 시장에서 국내 재생에너지 산업이 경쟁력을 갖출 동력을 상실할 가능성도 높고, 화석연료 사용과 온실가스 배출도 줄일 수 없다."면서 기후위기를 핵위험으로 막아보겠다는 아둔한 입장의 철회를 촉구하였다.

7월 7일, 양이원영 더불어민주당 의원을 비롯한 79명의 국회의원도 국회 기자회견을 통해 "원전을 늘리고 재생에너지를 줄이는 윤석열 대통령의 에너지 정책은 에너지 안보와 국가·기업의 경쟁력을 훼손한다."며 "정부는 새 시대에 부합하는 지속 가능한 에너지 정책을 수립하라."고 촉구했다. 이들은 "원전 산업계의 이익만 살필 것이 아니라 모든 국민이 편익을 볼 수 있는 재생에너지 확대 정책을 수립하고, 이를 통해 에너지 위기극복, 온실가스 감축이 우리가 가야 할 길"이라고 주장했다. 특히 "우리나라는 고립 전력망이라 경직성 전원인 원전이 늘어나면 재생에너지를 늘릴 수 없다."라며 제주도의 사례를 언급하였다.

새 정부 에너지정책에서 재생에너지와 지역에 대한 입장은?

이렇듯 재생에너지 보급을 강조했던 전임 정부와 달리 새 정부에서는 원전 확대로 인해 상대적으로 재생에너지에 대한 관심이 퇴색되기는 했지만, 몇 가지 눈에 띄는 방향을 찾아볼 수 있었다.

첫째, 이번 정부 발표에서 재생에너지 보급목표는 '실현가능성과 주민수용성 등을 감안하여 합리적 수준으로 조정'한다는 것이다. 계통운영 등 보급여건을 고려하고, 이미 개발된 곳인 산업단지의 지붕과 고속도로 잔여지 등 수용성이 양호하고 경관에 부정적 영향이 없는 유휴부지를 적극적으로 활용한다고 했다. 또한 국토의 효율적 활용 및 균형 있는 재생에너지 보급을 위해 태양광과 해상풍력 등 원별 적정 비중도 도출할 예정이라고 했다.

기존 재생에너지사업 추진의 결과가 주민 반발과 환경 훼손을 불러일으켰다는 인식에 따른 정책목표 수정이라고 할 수 있다.

둘째, '합리적 에너지믹스를 뒷받침하는 미래형 전력망 구축'과 관련하여, 재생에너지 발전 증가에 따른 계통 안정화 방안 마련, 전력망 효율적 재설계 및 첨단 그리드 구축 추진, 분산에너지의 관리·확산 체계 구축을 통해 효율적 전력망 운용 뒷받침이 포함되었다. 구체적으로 보면, 중앙-지자체가 지역 그리드 협의체 구성·운영, 권역별 전력수급 균형을 이루는 지역 그리드 구축방안 마련,

AC/DC 하이브리드 배전 네트워크 기술개발, 분산에너지 설치 의무 및 통합발전소(VPP) 등을 내용으로 하는 〈분산에너지 활성화 특별법〉 제정 추진이 언급되었다.

풍력과 태양광 등 재생에너지에 기반한 전력망은 기존처럼 대규모 중앙집중식이 아닌 소규모 분산형으로, 기상상태에 따른 출력 변동이 있을 뿐 아니라, 태양광발전과 에너지저장장치의 전기는 교류(AC)가 아닌 직류(DC)이기 때문에, 전력계통망의 건설과 운영 방식을 새롭게 할 필요가 있다.

셋째, '태양광·풍력 산업생태계 경쟁력 강화'와 관련하여, 태양광 탠덤 셀(서로 다른 셀의 이중접합으로 초고효율 달성) 및 풍력 초대형 터빈 등 차세대 기술을 조기상용화하고, 수입에 의존하는 터빈 핵심부품의 경쟁력 강화에 집중하겠다고 했다. 특히 해상풍력 터빈의 대형화 추세에 따라, 10MW급 터빈의 개발 실증(2022년~2025년)과 함께 15MW급 터빈을 조기 개발(2023년~2027년)하고, 임해지역 위주로 풍력의 성능평가와 실증(부안, 창원, 영광, 울산), 물류(목포), 인력양성(군산)을 추진할 계획이 포함되었다.

이런 내용을 봤을 때, 산업국가로서 기술 개발과 생산에 대한 경쟁력을 포기할 수는 없기 때문에 아무리 새 정부 에너지정책이 원전 확대가 중심이라고는 하지만 전 세계적인 재생에너지로의 거대한 흐름을 외면할 수는 없을 것이다.

넷째, '주민·지역과 협력을 통한 지역 단위 에너지 기반 구축 및 수용성 제고'와 관련하여, 지역기반 자가용 재생에너지사업을 발굴·추진하고, 지역에너지센터 기능을 활용하여 에너지 수급 정책 및 이슈 등에 대한 주민 이해도 증진 및 갈등 예방·조성을 활성화하겠다는 내용이 포함되어 있다. 또한 재생에너지의 수용성을 위해 주민과의 소통을 강화하고 이익공유 확대를 추진하겠다고도 했다.

정권교체에도 불구하고 중앙정부가 인식하는 지역의 재생에너지 사업은 지자체는 용역 갈등 관리를 하고, 주민투자사업을 통해 수용성을 증진하겠다는 기본방향은 바뀌지 않았음을 알 수 있다.

다섯째, '청정수소 공급망 구축과 세계 1등 수소산업 육성'을 위해 성장 잠재력이 높은 5대 핵심분야(수전해, 연료전지, 수소선박, 수소차, 수소터빈)와 고부가 소재·부품의 핵심기술을 자립하겠다고 했다. 또 민관 합동 수소펀드를 조성하여 혁신기업에 투자를 확대하고, 수소 R&D 및 시설투자에 대한 세액공제 강화를 추진하며, 청정수소 기반 생산(그린/블루/원전수소)-유통(수소선박, 인수·저장·비축설비 및 배관망 등)-활용(연료전지, 석탄-암모니아 혼소발전, 수소차 등) 등 전 주기 생태계를 조기 완비하겠다는 계획이 포함되어 있다.

재생에너지로 물을 분해하여 수소를 생산하는 그린수소만이 아니라, 원전 수소도 포함되어 있어서 모호하긴 하지만, 수소에 대한 개발 지원은 전 정부에 이어 새 정부에서도 계속될 것으로 보인다.

원전 중심 새 정부 에너지 정책에 따른 제주도 대응 방향은?

위에서 살펴봤듯이, 윤석열 정부의 에너지정책은 표면적으로는 원전 확대를 강하게 내세우고 있기는 하지만, 에너지전환과 관련하여 재생에너지 또는 청정수소의 내용도 일정 부문 그 역할을 부여하였다. 에너지시설 및 산업은 장기적으로 구축·유지·관리되는 사회기반시설으로, 급격한 변화를 이끌기는 쉽지 않다. 실제 전임 정부에서 재생에너지 보급확산에 역점을 두어 추진했다고 하지만, 전체 공급 비중에서 아직 10%를 넘지 못한 것은 에너지 사업의 특성상 개발과 보급에 장기간이 소요되기 때문이다.

그렇다면 '카본프리 아일랜드'를 10년째 추진하고 있는 제주도는 무엇을 어떻게 해야 할까? 우선 대규모 경직성 전원인 핵발전이 없는 제주도이기 때문에 변동성 재생에너지 발전원을 중심으로 전력계통 운영을 고도화해야 한다. 새 정부 에너지정책 방향 중 '미래형 전력망 구축'과 '분산에너지특별법 제정 추진'이 이에 부합하는 과제가 될 것이다. 중앙정부와 지역그리드 협의체 구성을 통해 재생에너지 보급확대를 위한 제주도내 전력계통의 보강도 적극 추진해야 한다.

또한 재생에너지 보급확산에 따른 출력제한의 문제를 해결하기 위해 그린수소 생산시스템을 실증하고 있는 제주도의 입장에서는 중앙정부의 '청정 수소 공급망 구축 및 전 주기 생태계 완비' 과제와 연계하여 보다 구체적이고 종합적인 대책을 수립할 필요도 있다. 도시가스 수소혼입도 가능하기 때문에, 앞으로 새롭게 공모할 읍면지역 일반도시가스사업자는 그린수소를 생산 실증을 할 주관기관이자 도민의 공기업인 제주에너지공사의 역할도 적극 검토해야 할 것이다.

그리고 그 무엇보다도 제주도민들의 생각과 제주의 자연환경에 어울리는 재생에너지 보급을 위해 사회수용성과 환경성을 강화할 수 있도록 관련 제도를 정비해야 한다. 제주에너지공사의 '공공주도 풍력발전 사업시행예정자' 지위가 올해 말로 종료될 예정이며, 또한 최근 중산간 지역 대규모 태양광발전 사업이 추진되고 있기 때문에, 도민사회에서는 풍력과 태양광에 대한 난개발의 우려가 여전히 존재하고 있다.

마지막으로 그동안 단 한 번도 제대로 검토되지 않은 분야로서, 카본프리 아일랜드를 달성하기 전까지는 화석 연료를 사용할 수밖에 없기 때문에 기존 에너지의 안정적인 공급과 함께 체계적인 퇴출방안도 함께 마련해야 한다. 새 정부 에너지정책 방향의 2번째 주요 정책 방향으로 제시된 '튼튼한 자원·에너지 안보 확립' 부문에서는 자원수급·가격의 안전망 강화를 위해 전략비축을 확대하기로 했다. 제주도는 석유와 가스를 전부 민간사업자가 공급하고 있는 도서 지역으로, 과도한 시장가격에 대한 별다른 정책수단이 없을 뿐 아니라, 대한민국영토임에도 정부비축시설이 존재하지 않는다. 따라서 카본프리를 위해서라도 현재 에너지사용량의 대부분을 차지하고 있는 카본에너지에 대한 공공적 관리도 함께 검토해야 한다.

새 정부 에너지 정책 방향을 훑어보고 카본프리 아일랜드를 지향하는 제주도는 무엇을 하면 좋을지 간략히 언급해보았다. 이제 출범 한 달을 맞는 오영훈 도정은 급격하게 변하고 있는 정책과 시장 상황에 발 빠르게 대응할 수 있기를 바란다.

〈제주의소리〉, 2022년 7월 26일.

제주도 기름값은
섬이라서 비싼가?

전쟁과 유가급등

올해 초 시작된 우크라이나-러시아 전쟁은 끝날 기미를 보이지 않고, 에너지 가격은 쉽사리 내려가질 않고 있다. 고물가, 고환율, 고금리의 어려운 여건이 지속되고 있는 와중에, 날씨가 추워지기 시작하니 에너지비용 지출은 더 늘어날 것 같아 걱정이 쌓이고 있다.

경제활동의 기본은 안정적이고 저렴한 에너지공급이었는데, 우크라이나 전쟁의 장기화와 전 세계 공급망의 교란 여파로 국제유가가 급등한 지난여름, 제주의 기름값은 사상 최고치를 기록했다. 지금은 휘발유가격이 조금 내리긴 했으나, 버스와 화물차, 건설기계의 주요 연료인 경유 가격은 여전히 1리터에 2,000원 선을 넘나들고 있다.

해상운송 비중이 큰 국내 기름 공급

국제적인 정세에 따라 기름값이 들쭉날쭉한다는 것은 이미 50년 전인 1970년대 오일쇼크 때부터 국민들은 체감해왔지만, 왜 제주는 육지보다 기름값이 더 비싼지에 대해서는 궁금증이 잘 풀리지 않는다. 혹자는 기름을 배에 싣고 오는 해상운송비가 더 들기 때문에 비싸다고도 하지만, 육지에서도 선박을 이용한 운송이 큰 비중을 차지한다고 했다.

국내 정유회사들의 모임인 '대한석유협회'의 홈페이지에는 "국내 수송수단으로는 선박, 유조화차(RTC), 유조차(T/T), 송유관(파이프라인) 등이 이용되고 있는데, 이들 수송수단 중 선박에 의한 해상수송이 가장 큰 비중을 차지하고 있다. 이는 삼면이 바다에 둘러싸여 있고, 정유공장이 모두 해안 지역에 위치하고 있는 데다, 대량 원거리 수송 시 해상 수송비가 가장 저렴하기 때문이다."라고 되어 있다. [1]

또한 SK에너지의 블로그에서도 생산지인 SK인천석유화학에서는 군산과 목포로, SK에너지 울산CLX에서는 부산, 강원도 동해, 경북 포항, 경남 마산, 그리고 제주로 해양운송을 하는 그림이 있다. [2]

이렇게 봤을 때, 단순히 해상운송만을 비싼 기름값의 원인이라고 할 수 없다. 최근 이러한 궁금증을 풀기 위한 단초를 제시하는 홍미로운 연구가 진행됐다. 지난 8월 제주도는 '(사)E컨슈머 에너지석유시장감시단'에 의뢰한 제주지역 석유제품 가격 및 유통조사 결과를 발표했다.

석유대리점에 의한 일종의 담합?

연구결과에 따르면, 기본적으로 제주도 석유유통구조는 대리점과 주유소 사이가 견고하게 수직계열화되었고, 현물거래 물량도 없다고 했다. 육지의 경우에는 정유사 직영 대리점 이외에 많은 대리점이 존재하면서 가격결정권을 일부 행사하지만, 제주도의 경우 견고한 수직계열화로 가격결정이 대리점에 의해 좌지우지된다고 지적했다.

또한 육지의 경우, 국내 전체 거래량 중 전자상거래를 통한 현물거래량이 13.6%에 달해, 이런 물량으로 시장의 경쟁구조를 형성해 가격을 낮추는 효과가 있지만, 제주는 전혀 없어 가격 경쟁요인이 적다고 분석했다. 한편 알뜰주유소의 상대적으로 저렴한 가격이 주변 주유소에 영향을 준 것으로 보인다고 덧붙였다.

이에 따라 연구진은 ①도지사가 대리점 공급가격 요청 및 보고 ②알뜰주유소로의 전환 지원 ③석유가격 모니터링 강화 등의 정책을 제안했다.

이 조사는 그동안 제주도 기름값의 형성 원인에 대해 궁금해왔던 도민들에게 "대리점을 통한 일종의 담합이 존재하는 것으로 보인다."며 어느 정도 설득력 있는 근거를 제시한 첫 연구라는 의미가 있다.

다만 아쉬운 점은 정유사에서 대리점으로 공급하는 가격은 영업비밀로 간주돼 자료를 얻기 어려웠기에, 주유소의 소매 가격을 위주로 조사한 한계가 있었다. 또한 에너지담당 부서가 아닌 물가담당 부서에서 발주한 용역이었기에 '카본프리 아일랜드'라는 에너지전환 정책과의 연관성도 다소 부족했다.

공공석유비축기지를 제안

이런 점에서 보다 구조적인 전환을 위한 생각이 필요한데, 에너지법과 제주도 에너지기본조례에 따라 지난 2020년 수립된 '제주특별자치도 제6차 지역에너지계획'에는 '공공석유비축기지 설치 검토'라는 세부사업이 포함되어 있어 관심을 갖고 읽어보자.

"제주도의 석유저장일수는 전국 평균의 10%에 불과하고, 한국석유공사의 석유비축사업 대상지도 아니어서, 섬의 특성상 태풍 및 전란 등 비상사태의 장기간 지속 시 석유수급의 불안요소로 작용할 수 있다. 아울러 지방자치단체장은 석유수급 조정권이 없으므로, 제도개선 검토도 필요하다. 공공석유비축기지가 평상시에는 공공기관에 석유를 공급하고 수급불안 및 유가 급등 시에는 민간에 방출하도록 하여 안정적 에너지 공급을 꾀할 수 있다."

그간 제주도의 에너지계획은 주로 재생가능에너지 개발과 전기자동차 보급 위주여서, 상대적으로 우리가 대부분 사용하는 화석연료에 대한 관심은 전혀 없었다. 그렇지만 지역에너지계획은 전통적 화석에너지에 대한 안정적 공급 방안을 포함시켜야 했기에, 시민연구단의 의견을 수렴해 전문가 연구진 검토에 따라 포함되었다.

더욱이 10년 전 카본프리 아일랜드 계획을 발표할 때에 비해 제주지역의 석유소비량은 오히려 더 늘어났다. 발전소 연료로 쓰이는 중유를 제외하고, 수송 및 기계, 난방 등에 사용되는 휘발유, 등유, 경유, 그리고 LP가스의 사용량이 전부 증가했고, 주유소 또한 2010년 183개소에서 최근 194개로 더 증가했다.

구분	휘발유	등유	경유	중유	LPG
2012년	113,318	103,623	287,573	53,296	130,186
2020년	165,993	123,973	337,481	15,449	238,433

※자료: 각 연도 통계연보(제주특별자치도)

카본프리 달성을 위해 '화석연료의 공공적 관리'를 준비해야

하지만 아직까지 관련 부서에서 '공공석유비축기지 구축검토'에 대한 후속조치가 없어서 아쉬울 따름이다. 물론 카본프리 아일랜드를 추진하는 입장에서 화석연료에 대한 사업을 하는 게 껄끄러워 보일 수도 있다. 그렇지만 카본프리를 달성하기 직전까지도 우리는 화석연료에 의존할 수밖에 없다.

대부분의 에너지를 화석연료에 의존하는 현재의 경제체제에서는 석유중독에서 벗어나질 못하고 있다. 그래서 제주도는 50년 전부터 대통령이 직접 지시해 우리나라에서 처음으로 풍력발전을 시작했다. 반세기 정도가 흐른 지금, 제주도내 전체 전력의 10%는 풍력발전을 통해 공급하는 수준이 됐지만, 아직까지 여러 가지 사정으로 인해 전체 에너지를 전환하기에는 역부족이다. 그럼에도 100% 전환이라는 '카본프리 아일랜드'의 목표는 계속 전진해야 할 우리의 도전과제다.

즉, 화석연료 소비를 빠르게 줄이면서도 재생에너지로의 전환을 보다 빠르게 해야 하는 이중과제를 어떻게 수행하는지에 따라 에너지전환 과정의 갈등과 혼란을 최소화할 수 있을 것이다.

따라서 지금부터라도 기름과 가스 등 화석연료에 대해서도 안정적 퇴출방안, 즉 '화석연료의 공공적 관리' 대책을 동시에 마련해야 한다. 이미 2000년대 초반 제주도내 연탄공장이 폐지된 이후, 도내 연탄사용가구를 위해 육지의 연탄을 반입하는 비용을 계속 지원하고 있는 것을 떠올린다면, 이미 제주도는 '화석연료의 공공적 관리'를 시행하고 있다고 볼 수 있다.

기름값을 낮추면 기름소비가 늘어 온실가스 배출이 증가할 것이라는 우려도 있지만, 다른 한편 제주도민들도 대한민국 국민인데, 전국 평균 기름값보다 비싸게 지불할 이유는 없지 않은가? 탄소중립기본법에 따른 정부의 법률적 목표는 2050년 탄소제로이기 때문에, 정부 정책방향에 맞춰 화석연료 사용량을 점진적에서 대폭적으로 감소시키면서 도민들의 에너지비용도 적절한 수준에서 지불할 수 있도록 '화석연료의 공공적 관리'가 필요하다.

〈제주의소리〉, 2022년 10월 18일.

제주, 탄소중립의 테스트-베드로만
그치지 않기를!

윤석열 정부, '탄소중립 녹색성장 추진전략' 발표

지난 10월 26일, 대통령 소속 '2050 탄소중립녹색성장위원회'가 32명의 민간위원을 신규로 위촉하고 새롭게 출범하였다. 국무총리와 민간위원의 공동위원장 구조인 탄소중립녹색성장위원회는 지난 8월, 민간 공동위원장으로 제주연구원장을 역임한 김상협 카이스트 부총장이 임명되어 위원회 출범을 준비하였다.

탄소중립기본법 시행 이전인 작년 5월 말, 문재인 정부에서 대통령령에 근거하여 출범한 탄소중립위원회는 당연직 중앙부처 장관 이외에 민간위원이 76명이었는데, 이번에는 32명으로 대폭 축소하고 분과위원회도 종전 8개에서 4개로 통합하여 신속하고 효율적인 의사결정 체계로 개편하였다.

그리고 신임 위원 위촉식과 함께 첫 번째 전체회의를 개최하여 '탄소중립 녹색성장 추진전략'과 '탄소중립 녹색성장 기술혁신전략'을 논의하고 발표하였다. 이번 회의는 윤석열 정부 탄소중립 녹색성장 위원회의 공식 출범을 의미하고, 앞으로 탄소중립 실현을 위한 세부 계획인 '온실가스 감축 이행 로드맵'과 '국가 탄소중립 녹색성장 기본계획'(2023년 3월 예정)을 수립할 계획이어서, 향후 5년간 국가 정책 방향의 기본 틀을 확정지었다고 볼 수 있다.

이날 발표된 '탄소중립 녹색성장 추진전략'은 '탄소중립, 글로벌 중추국가의 도약'을 비전으로 3대 정책방향, 4대 전략, 12대 과제로 구성되어 있다. 전반적으로 지난 대통령 선거 과정과 인수위 시절부터 강조했던 '원전 확대 및 신재생에너지의 조화로운 활용' 등 윤석열 정부의 기조를 보다 구체화하였다.

작년과 올해 사이에 정권교체라는 큰 정치적 변화가 있었기에 '탈원전 정책에 따른 온실가스 감축수단의 경직화 및 구체적 실행방안 부족과 함께 산업계의 공감대 형성 미흡'이라며 전임 정부의 탄소중립 정책에 대한 비판도 드러나 있었다. 그렇지만 법령 제정이라는 전 정부의 이행기반 활용을 활용하여, 정부 주도에서 벗어나 민간과 지자체 주도 실천을 위한 소통 강화 및 협력체계를 마련하기로 했다.

탄소중립 추진전략과 지역사회

지역사회의 입장에서는 12대 과제 중 8번째로 제시된 '지방이 중심이 되는 탄소중립'이 눈에 띈다. 정부는 탄소중립 사회로의 전환이 이루어지는 실질적 공간으로서 지역과 지자체의 역할이 중요하다고 보았기에, 지역 맞춤형 탄소중립 전략을 수립하고, 중앙부처와 지자체 간의 정례협의체를 운영하는 등 지방이 중심이 되어 탄소중립 정책을 내실화하고 생활 속에 안착하도록 하기로 했다.

이를 위해 탄소중립·녹색성장 조례 제정, 지방 탄소중립 녹색성장 위원회 구성, 지역 탄소중립지원센터 설립(~2027년 100개), 지방 탄소중립기본계획 수립 등 탄소중립 이행체계를 구축하기로 했다.

이미 제주도는 지방선거 전인 지난 3월 도의회 주최로 조례 제정 정책토론회를 개최했으며, 7월 1일 출범한 9대 도의회에서 제주도 탄소중립 녹색성장 기본조례를 제정했다. 최근에는 이 조례를 근거로 하여 지방위원회도 구성하였다. 기후변화·에너지 전환·경제산업·도시건축 수송·녹색생활위원회 등 5개 분야·66명으로 구성됐으며, 오홍식 제주대학교 사범대 교수가 공동위원장을 맡을 예정이라고 전해진다.

지원센터는 지난 3월 말 공모를 통해 제주연구원이 선정되었고, 직원을 채용하여 관련 업무를 진행하고 있다. 다만, 지방 탄소중립

기본계획은 다른 지역과 마찬가지로 상위계획인 국가계획이 내년 3월말 마무리되면 그 이후에 수립할 예정으로 있다.

탄소중립과 카본프리 아일랜드

이렇듯 탄소중립기본법 시행에 따른 전반적인 지역 이행체계 구축은 진행이 되고 있으므로, 보다 구체적으로 해야 할 일들을 살펴보자. 특히 지난 10년 전 '카본프리 아일랜드 2030'을 선언하면서 풍력, 태양광 등 재생가능에너지와 전기자동차를 집중적으로 육성해온 데 이어, 민선 8기 오영훈 제주도정에서는 새롭게 '그린수소 글로벌 허브 구축'과 '분산에너지특구'를 목표로 하는 제주도가 관심을 가져야 할 부분도 많다.

재생에너지: 전력망 보강 및 연구개발

먼저 재생에너지는 '실현가능성 및 주민수용성을 감안한 합리적 수준으로 설정(전원믹스)'하고, 주민과의 소통강화를 추진하기로 했다. 또 '전력망 보강 등을 통해 원전뿐 아니라 신재생에너지 발전력의 적기 확보 및 잉여량의 타 지역 수송'과 함께 '재생에너지 확대에 따른 변동성 대응을 위해 ESS(에너지저장장치) 등 백업설비 투자'도 포함되었다.

기술개발 분야에서도 풍력발전의 경우, '초대형 터빈 등 차세대 기술 조기 상용화 및 수입의존 터빈 핵심부품의 경쟁력강화에 집중'하고, '빅데이터 기반의 해상풍력 Q&M 서비스 신산업 육성'도 하기로 했다. 구체적으로 '10MW급 터빈 개발·실증(2022년~2025년), 15MW급 터빈 조기개발(2023년~2027년)'도 포함되어 있다.

이런 내용들은 재생에너지 보급이 가장 앞선 제주에서 지금 당장 모두 필요한 부분이므로 전력망 보강과 함께 시장제도 개선 및 연구개발 분야에서 정부의 적극적 지원을 이끌어 낼 자체 전략을 수립해야 할 것이다.

수송: 전기·수소차와 트램, 산업·일자리 전환

다음으로 수송분야는 '무공해차 보급 가속화 및 모빌리티 전반에 대한 친환경화 추진'을 위해 '수소·전기차 보급확대, 충전기·충전소 인프라 확충, 내연기관차 폐차유도'를 하기로 했다. 이 외에 '보행자·친환경 대중교통 수단 중심으로 전환'하고, '고속철도·도시철도 등 철도 인프라를 확충'하며, '저탄소·무탄소 선박 선도기술 확보 및 보급확대'도 제시되었다.

이미 제주도는 전기자동차 및 충전기 보급에 앞장서왔기 때문에, 기존 정책을 가속화할 수 있는 대응방안 마련과 함께, 민선 8기 오영훈 도정에서 추진하고 있는 '트램'과의 접점 마련도 빠르게 준비해야 할 것이다. 또 제주도는 섬이기 때문에 저탄소·무탄소 선박 관련 사항도 놓치지 말아야 한다.

물론 전기·수소차의 보급에 따라 기존 내연기관과 관련된 산업 및 일자리가 축소될 것이기에, '9번 과제 근로자 고용안정과 산업 일자리 전환지원'과 연계한 대책도 같이 마련해야 한다. 다행히 올해 제주도는 고용노동부가 주관한 관련 분야의 고용영향조사를 시행하기 있으므로, 보다 구체적인 내용을 준비하도록 꾸준한 관심을 기울여야 한다.

한편, 이번 탄소중립 녹색성장 추진전략을 통틀어서 온실가스를 다 배출하는 항공과 공항에 대한 언급이 없는 점은 눈여겨볼 만하다.

수소: 연구개발과 혼소, 산업육성

마지막으로 수소의 경우 '원자력수소, 그린수소 등 국내 수소생산 방식을 다양화하고, 우리 자본·기술로 해외 청정수소 생산기지를 구축'하기로 했다. 또한 상용차 중심 수소차 확산과 수소·암모니아 혼소 등 수소발전 방식을 확대하고, 충전소 및 배관 등 인프라를 적기에 구축할 뿐 아니라, 수전해와 연료전지 산업을 중점 육성하기로 했다.

'수소차·수소충전소 보급확대 & 수소경제(수입, 특화지구 조성) 등 추진'의 경우, 12번 과제인 이행관리 및 환류체계와 관련하여 범부처 지원체계 구축의 예시로 명시되어 있다. 소관사항이 중복되거나, 온실가스 감축에 영향이 매우 높은 과제는 계획 수립 단계부터 부처별로 역할을 분담하고, 이행상황에 대해 정기적 또는 수시로 협의를 추진하기로 했다.

제주도는 재생에너지와 전기차 보급이 가장 앞섰지만, 상대적으로 수소는 이제야 시작하는 걸음마 단계이므로 정부의 정책 방향과 보폭을 맞추어 추진해야 한다. 이와 관련하여, 'R&D(연구개발) 기획부터 민간에서 참여하여 기업-출연연구기관-대학 간 역할 정립 및 상용화까지 전 과정 관리' 분야에서 '제주도 그린수소 실증사업'을 구체적인 예시로 명시하였기에 관련 정책과의 연결고리를 이어나가야 한다.

한편 수소 혼소의 경우, '기존 LNG복합 발전기에 수소 50% 혼소(2030년 상용화) 발전 및 점차 확대'라고 구체적으로 적혀 있다. 최근 몇 년 사이 제주도내에 건설된 LNG발전소에 대해, "카본프리 아일랜드를 추진하는데 왜 카본(LNG) 발전소를 짓느냐."는 비판이 제기된 적이 있으므로, 이 분야에 대한 적극적인 검토도 필요하다.

제주, 테스트-베드로만 그치지 않기를

위에서 간략하게 윤석열 정부가 발표한 '탄소중립 녹색성장 추진 전략'과 제주도의 대응전략을 살펴보았다. 지난 7월 발표한 '새 정부 에너지정책 방향'에 제시된 내용뿐 아니라, 국토의 저탄소화, 국민 실천, 기후적응기반구축, 국제사회 선도 등 보다 종합적인 내용이 담겨 있어, 다양한 분야에서 기후위기 극복과 탄소중립 실현을 위해 다시 한 번 꼼꼼히 살펴봐야 한다.

물론 그중에서도 온실가스를 많이 배출하는 에너지 및 수송분야 가 중요 과제인 것은 명확하고, 그런 점에서 지난 10년 동안 재생에 너지와 전기차 보급에 집중해온 카본프리 아일랜드 제주의 실험적 도전이 국가 전체의 전략수립에도 기여한 바도 분명히 있다고 본다.

다만 오랫동안 테스트-베드로서의 공간적 성격을 갖고 있는 제주 도가 단순히 실험 장소의 제공으로만 그치지 말고, 도민의 복리증진 과 자연환경의 지속가능성을 위해 무엇을 더 구체적으로 할 것인지, 그 과정에서 중앙정부 및 관련 기업과의 관계설정은 어떻게 할 것인 지에 대해서도 더 많은 고민과 논의, 그리고 합의가 필요하다.

또한 최근 '카본프리'와 'RE100'에 대한 논란도 있다. 윤석열 정부 의 정책방향을 볼 때, '카본프리'(carbon free)는 무탄소 新(신)전원으 로서 원전뿐 아니라, 수소·암모니아 혼소발전도 포함하고 있기 때문에, 재생가능에너지 100%라는 'RE100'(renewable energy 100%)의 개념과 유사했던 '카본프리 아일랜드'와 혼동이 생기기도 한다. 따라서 3명의 도지사(김태환, 우근민, 원희룡)의 4번의 임기 동안(2008~2021년) 단절되지 않았던 대표적인 지역의 지속가능발전 정책이자 브랜드인 '카본프리 아일랜드'가 퇴색되지 않도록 하는 노력도 아울러 해나가야 한다.

〈제주의소리〉, 2022년 11월 1일.

6

'탄소중립 이행 원년'을 부스터하라!

시민과 함께 탄소중립조례 만들기

탄소중립, 지방정부의 역할은?

지역의 탄소중립과 지속가능발전은 같은 방향

'탄소중립 이행 원년'을 부스터하라!

정부 관계부처 합동, 2022년을 탄소중립 이행 원년으로 선포

전 지구적 기후위기는 갈수록 심화하고 있다. 앞으로는 과거의 변화보다 그 속도가 더 빨라지고, 결과는 돌이킬 수 없을지도 모른다. 그럼에도 생명의 그물에 엮여 함께 존재하는 인간과 비인간종, 그리고 그들이 터 잡고 있는 지구를 살리기 위해서는 "끝날 때까지 끝난 게 아니다."라는 말을 잊지 말아야 한다.

국내 정치권력의 교체기를 목전에 두고 지구의 온도처럼 점점 뜨거워지는 선거판의 열기에서 잠시 비껴나, 묵은해를 보내고 새해맞이를 준비하면서 올해 일어난 일과 내년에 해야 할 일을 떠올려본다.

지난 (2021년) 11월 영국 글래스고에서 폐막한 제26차 UN 기후변화협약 당사국총회에서는 최초로 석탄발전에 관한 합의를 보긴 했지만, 초안에 명시되었던 '단계적 폐지'(phase-out)가 아니라, '단계적 감축'(phase-down)으로 수정되면서 퇴행되었다는 비판을 받았다. 또 각국이 제출한 2030년 국가온실가스감축목표(NDC)를 종합해보면, '산업화 이전 대비 지구평균기온 상승폭을 1.5℃ 이내로 제한'이라는 기존의 약속한 목표와는 달리 '2.4℃ 상승할 것으로 전망'되어, 내년에 다시 각국의 온실가스감축목표를 점검하기로 했다.

앞에서 언급한 2015년 파리협약의 목표를 달성하려면 전 세계는 2030년까지 배출량을 45%까지 줄여야 하고, 2050년에는 0%로 만들어 탄소제로를 만들어야 한다고 한다. 그러나 온실가스 최대배출국인 중국은 지난해 9월 탄소중립의 목표연도를 2060년으로 선언했고, 부랴부랴 우리나라는 한 달 뒤에 2050년으로 선언하였지만, 지난 10월 대통령직속2050탄소중립위원회에서는 '2030년까지 2018년 온실가스 배출량의 40% 감축'으로 정하여서 안타깝게도 지구를 살리기 위한 모두의 목표에는 미치지 못했다.

그럼에도 우리나라 정부가 노력한 성과를 꼽아보자면, 세계에서 14번째로 탄소중립을 법제화하였고(2021년 9월, 탄소중립기본법 제정), 배출권거래제 강화 및 재생에너지 보급(2020년 누적 25GW)과 함께 석탄발전 가동제한(노후 10기 폐지) 등 적극적인 온실가스 감축정책으로 지난 2018년 배출량 정점에 도달한 이후 2년에 걸쳐 약 10%를 감축했다고 한다.

그리고 이러한 성과를 바탕으로 정부는 내년을 '탄소중립 이행 원년'으로 선포하여 사회·경제구조의 탄소중립 전환과 탄소중립 이행기반 공고화를 추진하기로 했다(2021. 12. 28., 환경부 외 2022 정부 업무보고 보도자료).

탄소중립기본법 시행에 따른 지방정부의 역할

2050 탄소중립과 2030 국가온실가스감축목표 이행을 위해 내년 3월 25일, '기후위기 대응을 위한 탄소중립 녹색성장 기본법'(약칭 탄소중립기본법)이 본격 시행된다. 과거 이명박 정부에서 제정한 '저탄소 녹색성장 기본법'을 폐지하고 대체하여 신설된 법으로서, 현재 시행령을 제정하고 있으며, 중앙정부뿐 아니라 지방정부의 책무도 대폭 확대하였다. 특히 기초 지방정부는 탄소중립 사회 실현을 위해 과거에는 없었던 새로운 역할이 부여되었다.

구체적으로 살펴보면, 탄소중립 이행계획과 기후위기 적응대책의 수립 및 이행 점검결과보고서의 매년 작성·제출, 지방탄소중립위원회의 구성 및 운영, 탄소중립지원센터의 설치와 탄소중립이행

책임관의 지정, 온실가스감축인지예산제도의 시행 등이다. 때문에 지역사회를 관할하는 지방정부의 종합행정을 탄소중립이라는 목표달성을 위해 새롭게 구성해야 할지도 모른다.

무엇보다도 이러한 지방 탄소중립 사무를 시의적절하게 추진하기 위해서는 상위법령에 위임된 사항을 두루 반영하면서도 지역적 특성을 고려한 '탄소중립 기본조례'부터 제정해야 한다.

그런데 일각에서는 아직 탄소중립기본법 시행령이 제정되지 않아 조례안을 구체화할 수 없다는 의견과 내년 상반기에 치러지는 대통령 선거(2022. 3. 9.)와 지방선거(2022. 6. 1.)라는 바쁜 정치일정으로 인해 불요불급한 안건 처리 이외에 심도 깊은 논의가 필요한 조례 제정이 사실상 불가능한 것 아니냐는 비관적 입장도 존재한다. 기후위기 대응을 위해 남은 시간은 점점 줄어들고 있는데 이러다가 내년은 조례 하나 만들고 지나가는 게 아니냐는 우려 섞인 시각이다.

그럼에도 지난 8월 31일, 탄소중립기본법(안)이 국회 본회의를 통과하자, 몇몇 기초 지방정부에서는 탄소중립 관련 조례를 선도적으로 제정하고 나섰다. 서울 도봉구(2021. 9. 16. 제정·시행), 대전 대덕구(2021. 9. 30. 제정·시행), 충남 논산시(2021. 10. 12. 제정·시행), 충남 태안군(2021. 11. 5. 제정·시행), 대전 서구(2021. 12. 23. 제정, 2022. 3. 25. 시행), 경기 광명시(2021. 12. 23. 제정, 2022. 4. 1. 시행), 서울 서대문구(2021. 12.

29. 제정, 2022. 3. 25. 시행) 등이 바로 그 주역들이다. (자치법규정보시스템 www.elis.go.kr에서 원문 검색 가능)

중앙과 광역 정부에 비해 비록 작은 규모이지만 현장에서 직접 주민을 대하는 기초 지방정부의 순발력과 민첩성은 우리 모두의 위기에 직면하여 무엇을 어떻게 해야 할지 선도적으로 대처하는 모범을 보여주었다. 따라서 위에서부터 아래로 주어진 법테두리 안에서만 고민하지 말고, 지금-여기의 문제를 시민과 함께 그 누구도 뒤처지지 않게 해결할 수 있도록 발 빠른 대응은 충분히 가능하고, 더 많이 필요한 시점이다.

기후위기의 최전선, 제주도의 상황은?

연말을 맞이하여, 2021년 12월 2차례 열린 제401회 제주특별자치도의회 임시회 본회의에서는 소관 상임위원회에서 심의한 무려 184개의 안건을 상정하여 처리하였다(12월 17일 1차 본회의 34건, 12월 23일 2차 본회의 150건). 해를 넘기기 전에 통과시켜야 하는 예산(기금)안도 있었지만 5개에 불과했고, 조례 제·개정안은 88건, 동의안은 68건(그중 명예도민 47건)에 달했다.

앞서의 비관적 예견처럼 정말 내년 상반기에는 의회가 열리기 힘든 것인가라는 생각이 들 정도로 상당히 많은 안건이 순식간에 처리된 듯하다. 그래도 찬찬히 다시 살펴보니 184개의 안건 중 3개가 눈에 띄었다.

먼저 12월 17일 1차 본회의에서 '제주특별자치도 해양생물 보호 및 관리 조례안'이 통과되었다. 이 조례는 해양생물 서식 실태조사, 해양동물의 구조·치료 그리고 해양보호생물 지킴이 운영 등을 주요 내용으로 하고 있는데, 해양환경단체 핫핑크돌핀스는 "전국 지방의회에서는 제주도의회가 최초로 한 종을 넘어 해양생물 전체를 보호하는 조례를 제정한 것이라서 그 의미는 더욱 특별하다."고 평가했다. 그런데 6일 후인 12월 23일 열린 2차 본회의에서는 '제주 한동·평대 해상풍력 조성사업 환경영향평가서 협의내용 동의안'이 통과되었다. 총사업비 6,500억 원을 투입해 제주시 구좌읍 한동리·평대리 일대 해상 5.63㎢에 5.5㎿ 풍력발전기 19기 등 총 104.5㎿의 해상풍력발전단지를 조성하는 사업이다.

이에 대해 해양환경단체 핫핑크돌핀스는 "제주도의회는 (해양생물 보호조례를 제정하면서도 다른 한편에서는) 중요 해양동물인 남방큰돌고래의 서식지를 파괴할 해상풍력에 대해서는 통과를 시키는 자기모순을 저지르고 있다."면서, "입지조건을 고려하지 않은 채 진행된 한동·평대 해상풍력발전사업은 누가 봐도 기업만 배불리는 난개발 사업일 뿐"이라고 강하게 비판했다.

실제로 사업시행예정자인 제주에너지공사가 21억 원을 투입하여 실시한 환경영향평가에서 용역업체는 사업예정지에서 제주 남방큰돌고래를 한 번도 보지 못했다고 보고서를 작성했다. 하지만 국립수산과학원 고래연구센터가 2015년부터 2020년까지 제주 남방큰돌고래를 조사한 자료를 보면 구좌읍 월정, 행원과 한동, 평대 일대에서 돌고래들이 가장 많이 발견되고 있으며, 대정읍 일대와 더불어 구좌읍 일대가 남방큰돌고래들의 거의 유일한 서식지임이 확인되고 있다.

한편 같은 날, '제주특별자치도 탄소 없는 섬 조성에 관한 조례안'도 통과되었다. 탄소중립 사회로의 전환을 지속적으로 추진하기 위한 신재생에너지 및 환경친화적 자동차 등을 기반으로 탄소 없는 섬으로 조성하는 데 필요한 사항을 규정하기 위해 제주도의회가 불과 3주 전인 이달 초 12월 6일 발의하였다.

이에 대해 제주환경운동연합 등 제주도내 13개 단체·정당 등으로 이뤄진 탈핵·기후위기 제주행동은 12월 17일 논평을 내고 "이번 조례는 늦어도 너무 늦었다. 2012년 카본프리 아일랜드 2030 계획 발표 이후 10년이 지났으며, 법적 구속력을 갖추지 못했을 뿐만 아니라 제주도 에너지 기본 조례와도 중복되는 지점이 많다."면서, "화석연료와 화력발전에 대한 명확한 정의나 책무 없이 오로지 신재생에너지와 전기차를 확대 보급하는 선언적 내용으로 채워져 있다."고 비판했다. 그러면서 "오히려 당장 필요한 것은 내년 3월 시행 예정인 탄소중립기본법과 관련된 조례"라고 지적했다. 앞서 여러 곳의 기초 지방정부가 탄소중립 조례를 앞다퉈 제정한 것에 견줘볼 일이다.

한꺼번에 180건의 안건을 심의하다 보니 면밀한 검토가 부족했던 것인지, 또는 개별안건의 내적 일관성에만 집중을 하다 보니 전체적인 정합성을 따지지 못한 것인지는 모르겠지만, 2021년을 보내고 2022년을 맞이하는 우리들에게 펼쳐져 버린 희극도 비극도 아닌 당면한 생생한 현실이다.

15년 전, 4개의 기초 지방정부·의회가 폐지되어 거대한 단일행정구조인 특별자치도로 출범한 제주. 주민과 가까운 거리에서 그들의 눈을 마주보던 시장·군수와 시·군의원은 화석연료보다도 더 먼저 역사 속으로 사라져버린 채, 단 1명의 최고정책결정자만 존재하는 권력체제하에서 과연 지속가능한 미래사회를 위한 균형과 견제, 조정과 협의, 숙의와 대화가 존재하는 게 가능할까?(그 1명마저도 사퇴하여 지금은 공석이라, 직선대표자가 아닌 정부가 파견한 행정부지사의 도지사 권한대행체제이다.)

한쪽에서는 나름 기후위기 대응을 위해 제도도 만들고 해상풍력발전도 추진한다지만, 다른 한쪽에서는 매일 해양보호생물 상괭이가 죽어서 사체로 발견되고 있고, 제주 남방큰돌고래는 해양개발에 따른 급격한 서식지 감소와 늘어나는 선박운항과 해양쓰레기, 연안오염에 의해 갈수록 큰 피해를 입고 있다. 또한 가속화된 기상이변의 잦은 발생은 농어민과 관광객들에게도 익숙하지 않은 장기 비상상황을 각인시키고 있다.

기후위기의 최전선이라 불리는 제주에서 돌고래와 구상나무와 사람들이 오래도록 같이 살아 온 것처럼, 앞으로도 같이 살아가려면 어떻게 해야 할까? 그간 각종 정책과 제도의 시범지구이자 선도지역으로서 제주도는 훌륭히 그 역할을 수행해왔다. 2007년부터 시작된 기후변화대응시범도 조성과 2008년부터 언급한 카본프리 아일랜드 실현은 기후·에너지 분야의 대표적 우수 사례이다. 하지만 과거에만 얽매여서는 앞으로 단 한 발자국도 나아갈 수 없다. 물로 뱅뱅 돌아진 섬에만 갇혀있지 말고 지구적·시대적 흐름과 함께해야 한다.

최근의 제주 사례는 기후위기 대응이 민주주의 및 권력 문제와 분리될 수 없다는 점을 분명히 보여준다. 지구를 보다 차갑게 식히기 위해서는 다가오는 선거판을 기후이슈로 뜨겁게 만들어 볼 필요가 있다. 기후위기 시대의 연말연시 메시지로서 '무사안녕'은 더는 의례적인 수사가 아닌 절박한 요구이다. 저무는 올해를 평가하면서 다가올 내년의 목표는 간단하다. '탄소중립 이행 원년'을 부스터하라!

〈프레시안〉, 2021년 12월 31일.

시민과 함께 탄소중립
조례 만들기

2022년 3월 25일부터 '기후위기 대응을 위한 탄소중립 녹색성장 기본법'(약칭 탄소중립기본법)이 시행된다. 문재인 정부가 이명박 정부에서 제정한 '저탄소 녹색성장 기본법'을 폐지하고 신설 대체한 법률로서, 작년 8월 31일 국회 본회의를 통과해 9월 25일 국무회의 의결을 거쳐 공포되었다. 그간 정부는 시행령 입법예고 및 표준조례(안) 마련 등 후속 사항의 준비기간을 거쳤다.

탄소중립기본법 시행이 중대재해처벌법만큼 모두의 비상한 관심을 끌지는 못하지만, 유럽의 전쟁과 백두대간의 산불에서 보듯 이미 벌어지고 있는 '장기 비상시대'의 초입에 들어선 우리 모두에게는 기후위기 대응을 위한 최소한의 제도적 기반이다. 그리고 이제 법률에서 지방자치단체에 위임한 사항과 함께 지역적 특성을 반영한 자치법규인 '조례'를 제정하는 일이 남아 있다.

이미 탄소중립기본법의 국회 본회의 통과를 전후로 하여 몇몇 지방자치단체는 탄소중립 관련 조례를 제정하였다. 물론 시행령이 아직 확정되지 않은 상태인지라 구체적인 내용이 미흡하여 이 조례들은 조만간 개정을 해야 한다. 시행령에 정해진 사항을 단순히 추가로 반영하는 조례 제·개정작업보다는, 이왕이면 지역 사회를 규율하는 자치법규를 지방 정부와 시민이 함께 논의하면서 만들어보면 어떨까 제안해본다.

관련 근거는 이미 탄소중립기본법에 존재한다. 법 제3조(기본원칙) 7호는 "탄소중립 사회로의 이행과 녹색성장의 추진 과정에서 모든 국민의 민주적 참여를 보장한다."고 했고, 법 제4조(국가와 지방자치단체의 책무) 7항에는 "국가와 지방자치단체는 기후변화 현상에 대한 과학적 연구와 영향 예측 등을 추진하고, 국민과 사업자에게 관련 정보를 투명하게 제공하며, 이들이 의사결정 과정에 적극 참여하고 협력할 수 있도록 보장하여야 한다."고 명시되어 있다.

이러한 원칙과 책무에 따라, 시민들이 직접 나서 탄소중립 조례 제정을 준비하는 지역도 있다. 지난해 9월, 기후위기 경기비상행동은 경기도의회 김달수 의원(더불어민주당) 주관으로 '경기도 탄소중립 기본조례' 제정과 관련하여 경기도청 및 시민사회 등이 참여한 간담회를 개최했다. 이 단체는 이후 '정부(안)'가 아닌 '시민(안)'으로 〈경기도 탄소중립 정의로운 전환 기본 조례(안)〉와 〈경기도 시·군 탄소중립 정의로운 전환 기본 조례(안)〉를 직접 만들었다. 이후 지난해 12월에는 경기도와 경기도의회가 공동주최한 '경기도 기후위기 대응을 위한 탄소중립 녹색성장 조례 제정' 토론회가 개최되기도 했다.

기초 단위인 서울시 양천구에서는 지역시민사회 네트워크 조직인 양천시민사회연대가 지난해 11월 기후위기대응 특별위원회를 구성한 후, 이 특위 주도로 양천구 탄소중립 조례 만들기 운동을 펼치고 있다.

기후위기대응 특별위원회는 출범기념 특강으로 기후위기 대응을 위한 탄소중립 녹색성장 기본법에 관한 전문가 특강을 듣고 바로 '탄소중립기본법 읽기모임'을 진행하면서 시민이 제안하는 조례의 필요성을 인식했다고 한다. 기후위기 대응을 위한 정책 실행에 있어 시민이 주도하는 민주적인 과정과 방법을 조례로 분명히 명시하는 것이 중요하다는 판단에서였다.

올해 들어 양천시민사회연대는 본격적으로 법 시행에 맞춰 관련 자료들을 참고해 여러 차례 논의를 거쳐 조례안을 직접 만든 후 양천구의회에 조례 제정을 요구했다. 그 결과 지난 3월 7일, 양천시민사회연대는 양천구의회 정순희 의원(더불어민주당) 주관으로 구청, 의회, 전문가, 시민사회단체 관계자가 참석한 가운데 탄소중립 기본조례 제정 간담회를 개최했고, 3월 중 조례 제정을 위한 정책토론회를 열기로 결정했다. [1)

한편 서울 구로구의회 김영곤 의원(더불어민주당)은 지난 1월과 2월, 두 차례에 걸쳐 '구로구 기후위기 대응을 위한 탄소중립 녹색성장 기본조례' 제정을 위한 정책간담회를 개최하였고, 3월 중 개원하는 임시회에서 관련 조례를 상정 처리할 예정이다. [2)

지난 3월 3일 제주특별자치도의회 이승아 의원(더불어민주당)은 연구기관, 환경단체, 집행기관 등이 참여한 '탄소중립 기본조례 제정을 위한 토론회'를 개최하여 도의회 인터넷방송으로 이를 생중계하기도 했다.

올해 상반기 대통령 선거와 지방선거로 인해 3월은 사실상 각 지방 의회의 마지막 회기다. 3월에 조례가 제정되지 않으면 민선 8기 출범 이후로 넘어가 적어도 9월이 되어서야 조례 제정 논의가 이뤄질 수밖에 없는 상황이다. 이러한 시간의 촉박함을 고려할 때 민선 7기의 아름다운 마무리를 위해 정치적 결단력을 행사하는 지역은 상반기 중 탄소중립 조례 제정을 이뤄낼 수 있을 것이다.

조례의 법률적 한계에도 불구하고 각 지방 의회가 탄소중립 조례 제정과정에 시민의 참여를 보장하고 함께 논의한다면 조례의 실행력 확보에 큰 도움이 될 것이다. 지역 온실가스 감축목표를 국가 목표 대비 어느 수준으로 설정할지, 탄소중립을 위한 거버넌스 기구로서 '지방탄소중립위원회'를 누구와 함께 어떻게 구성하고 운영할지 등 기존 탄소중립기본법 제정 및 국가탄소중립위원회 구성 운영과정에서 논란이 되었던 쟁점들을 지역사회 차원에서 다시 한번 점검해보는 계기로 삼아보면 좋겠다.

〈프레시안〉, 2022년 3월 11일.

탄소중립,
지방정부의 역할은?

2050 탄소중립 목표의 법제화와 시행

올해 3월 25일, 이명박 정부에서 만든 '저탄소 녹색성장 기본법'
을 폐지하고 새로 제정된 '기후위기 대응을 위한 탄소중립 녹색성
장 기본법'(이하 '탄소중립기본법')이 본격 시행되었다. 2050년 탄소중
립 목표를 세계에서 14번째로 법제화하였고, 2030년 국가온실가
스감축목표(NDC)를 '2018년 배출량 대비 40% 감축'으로 확정지
었다.

정부는 탄소중립 목표를 달성하기 위해 탄소중립 녹색성장 기본
계획과 기후위기 적응시책의 수립 및 이행점검, 기후영향평가 실
시, 온실가스인지예결산제도의 도입, 기후위기대응기금의 설치 등

다양한 정책수단을 추진하도록 규정하였다. 특히 '정의(正義)로운 전환'이 포함되어 사회안전망의 마련, 특별지구의 지정, 사업전환 지원 등 탄소중립 사회로 이행하는 과정의 피해를 사회적으로 분담하고 최소화하는 정책방향의 추진 근거를 마련하였다.

그간 지방정부의 기후위기 대응

그동안 기초 지방정부는 기후위기 대응 및 탄소중립 실현을 위한 국내외적인 흐름에 보폭을 맞춰왔다. 2020년 '환경의 날'을 맞이하여 226개 기초 지방정부가 참여한 '기후위기 비상선언'을 했고, 한 달 뒤에는 '탄소중립 지방정부 실천연대'를 구성 출범시켰다.

이러한 기초 지방정부의 기후위기 대응을 위한 선도적 노력은 대한민국 국회의 기후위기 비상대응촉구 결의안 채택(2020년 9월) 및 정부의 탄소중립 선언(2020년 12월)을 이끌어내는 원동력이 되기도 하였다. 이듬해에는 P4G 정상회의에 맞춰 전국 243개 광역 및 기초 지방정부 전체의 2050 탄소중립 선언도 있었다(2021년 5월 24일). 물론 현재까지 지방정부의 기후위기 대응은 몇몇 선도적인 곳을 제외하고는 여론 조성 위주의 선언적 행위 중심이라는 한계가 있다. 왜냐하면 관련 법적 권한 및 책무가 부족했기 때문이다.

탄소중립기본법에 따른 지방정부의 역할

그런데 탄소중립기본법의 시행에 따라 계획수립 및 이행, 거버 넌스 구성 및 운영, 각종 조직과 예산 등 새로운 역할이 지방정부에 부여되었다. 실제로 법이 시행되자마자 법 36조(온실가스종합정보 관리체계 관련 통계 제출)에 따라 지방정부는 6월 말까지 에너지 분야, 산업공정 분야, 농업·토지이용·산림 분야, 폐기물 분야 등의 온실

탄소중립기본법에 따른 지방정부의 역할

의무 규정	○ (계획수립) '탄소중립 이행계획'과 '기후위기 적응 대책'을 수립(매 5년) 및 변경할 경우, 지방위원회 심의를 거쳐 환경부장관과 관할 시·도지사에게 제출(제12조, 제40조). 　- 추진상황에 대한 매년 점검하여 결과보고서를 작성하고, 지방위원회 심의 후 환경부장관과 관할 시·도지사에게 제출해야 함(제13조, 제40조). ○ (탄소예산) 예산과 기금이 기후변화에 미치는 영향을 분석하고, 재정운용에 반영하는 온실가스 감축인지 예산제도를 실시해야 함(제24조). ○ (의회보고) 계획 및 대책의 수립 및 변경 시, 지방의회에도 보고해야 함(제78조). ○ (책임관) 소속 공무원 중에서 탄소중립이행책임관 지정(제79조).
임의 규정	○ (거버넌스) 2050 지방탄소중립녹색성장위원회 구성 및 사무국 운영(제22조). 　- 주요 정책·계획 등에 대한 사항을 심의의결하기 위해 위원회 구성. ○ (지원센터) 계획·대책의 수립·시행을 지원할 탄소중립 지원센터 운영 가능(제68조). ○ (기후기금) 지역특성에 따른 기후위기 대응사업 위해 설치 가능(제69조). ○ (실천연대) 탄소중립 지방정부 실천연대의 구성 및 운영, 복수의 대표자 선정 등.

가스 정보 및 통계를 온실가스종합정보센터로 제출해야 했다. 법에는 매년 3월 말일까지로 되어 있는데, 올해는 법 시행이 3월 25일이어서 6월 말까지 한시적으로 예외를 두었다. 내년부터는 매년 상반기에 온실가스 통계 제출, 탄소중립이행점검보고서와 기후위기적응대책 결과보고서의 작성 및 심의와 제출 등의 절차를 정례적으로 밟아야 한다.

탄소중립 기본조례의 제정

무엇보다도 이러한 지방 탄소중립 사무를 시의적절하게 추진하기 위해서는 상위법령에 위임된 사항을 두루 반영하면서도 지역적 특성을 고려한 '탄소중립 기본조례'부터 제정해야 한다. 조례는 기존 지방정부 내의 조직과 인력, 재정을 탄소중립 실현을 위한 방향으로 재조정할 수 있는 실행력을 제공할 수 있으며, 시민들의 참여를 보장하는 법적 근거가 될 수도 있다.

이미 지난해 9월부터 경기기후위기비상행동은 탄소중립 조례 제정을 위한 시민(안)을 만들기 위해 활동했고, 지난 6월 말 경기도의회에서 조례가 제정되어 현재는 주민발의를 통한 조례 개정 운동을 펼치고 있다. 또 올해 4월에는 지방선거를 앞두고 녹색당, 노동당, 진보당, 정의당 등 4개 진보정당이 공동으로 기후정의 조례 제정을 위한 선언을 하기도 했다. 서울 구로구, 경기 성남시 등에서는 의원 주도로 시민사회와의 간담회를 거쳐 조례를 제정하기도 했다. 한편 지난 3월, 환경부는 광역 및 기초정부에 참고조례안을 배포했다.

되돌아보면 올해 상반기는 대통령선거와 지방선거라는 주요 정치일정으로 인해 평소보다 지방의회가 많이 열리지는 못했지만, 올해 8월 말까지 광역은 11개소[1], 기초는 약 25개소[2]에서 탄소중립 관련 조례를 제정했다.

탄소중립과 지속가능발전목표의 통합 이행체계 구축도 검토해야

한편 '탄소중립' 개념을 포괄하는 UN '지속가능발전목표'(UN SDGs)와 관련하여, 올해 7월 5일부터 '지속가능발전기본법'도 새롭게 제정되어 시행되고 있다. 그런데 UN 지속가능발전목표와 국가 온실가스감축목표(NDC)의 목표 연도는 둘 다 2030년으로 동일하며, 지속가능발전목표는 탄소중립을 포괄하는 개념일 뿐만 아니라, 전략·비전 및 목표 설정, 계획 수립, 위원회 구성 및 운영, 이행점검 보고서 작성 및 제출, 책임관 지정, 의회보고 등 두 기본법의 형식이 매우 유사하다.

따라서 각각의 사항을 다루는 기본조례를 따로 제정하여 운영하기보다는 입법 경제성 및 제도 운용의 효율성을 위해, 유사하고 중첩된 개념을 다루는 복수의 법률에 대한 지자체 위임사항을 단일한 기본조례로 통합 제정하고, 세부 사항은 별도의 개별조례로 구체화하는 입법전략을 검토해볼 필요가 있다.

특히 정원 증가 없이 기존 인력의 재배치를 우선하라는 현 정부의 공무원 조직운영방향에 비춰볼 때, 새로 제정된 법률에 따른 사무를 수행할 인력과 예산의 확보가 어려울 것은 충분히 예측가능하므로, 통합 기본조례 제정은 중복되는 행정절차의 축소를 통한 예산 절감 및 처리기간을 단축시키는 긍정적 결과로 이어질 수 있다.

지방정부, 시민과 함께 기후위기 대응에 나서야

탄소중립기본법 제3조(기본원칙) 7호는 "탄소중립 사회로의 이행과 녹색성장의 추진 과정에서 모든 국민의 민주적 참여를 보장한다."고 되어 있고, 법 제4조(국가와 지방자치단체의 책무) 7항은 "국가와 지방자치단체는 (중략) 국민과 사업자에게 관련 정보를 투명하게 제공하며, 이들이 의사결정 과정에 적극 참여하고 협력할 수 있도록 보장하여야 한다."고 명시되어 있다.

따라서 지방정부는 기후위기 대응을 위해 시민들의 참여를 보장하면서 시민들과 함께 탄소중립 사회로의 전환에 앞장서야 한다. 시민들 또한 관련 조례의 제·개정, 계획 수립 및 이행, 위원회의 구성 및 운영에 적극적으로 참여하는 자세를 가져야 한다.

《함께사는길》, 2022년 10월호.

지역의 탄소중립과
지속가능발전은 같은 방향

2050년 탄소중립을 국가비전으로 설정한 '탄소중립기본법'이 지난 3월부터 시행되고 있다. 중간 목표로서 2030년 국가온실가스감축목표(NDC)를 2018년 배출량 대비 40% 감축으로 결정하였고, 구체적 내용은 내년 3월까지 수립될 '국가 탄소중립 녹색성장 기본계획'에 담길 예정이다.

지방정부에서도 이에 맞춰 온실가스인벤토리 구축을 위한 통계자료 제출, 지역 탄소중립 기본계획 수립, 지방 탄소중립위원회 구성, 이행점검보고서의 작성과 제출, 탄소중립이행 책임관 지정 등 관련 업무를 추진하거나 준비하고 있다.

지난 7월 5일부터는 '지속가능발전기본법'도 시행되고 있다. 2030년을 목표로 한 유엔 지속가능발전목표(UN SDGs)를 이행하기 위한 법률로서, 이에 근거하여 비전과 전략을 설정하고 지속가능 발전계획을 수립해야 한다. 위원회 구성 및 지속가능성보고서도 작성하고 격년으로 이행점검뿐 아니라, 지속가능발전책임관도 지정해야 한다.

얼핏 보면 전략/비전과 목표의 설정, 위원회 구성과 계획 수립 및 이행점검체계, 책임관 지정, 의회 보고 등 탄소중립기본법과 법률의 내용의 상당히 유사하다. 물론 탄소중립기본법이 지속가능발전기본법에 비해 법 조문이 더 많고 보다 구체적이긴 하지만, '탄소중립'과 '지속가능발전'은 서로 중첩되는 내용을 갖고 있으면서 후자가 더 포괄적인 개념이다.

지방정부 여건 고려해서 통합 조례 고려해야

유엔 지속가능발전 목표는 2030년을 목표연도로 한 17가지 세부 주제를 정하여서 추진하고 있다. 그중 농업·에너지·일자리·산업·도시·기후변화 대응 등 6가지 정도는 탄소중립과 매우 밀접한 관계를 맺고 있다.

그렇다면 인력과 예산이 열악한 지방정부에서 두 가지의 기본법에 따른 기본 조례를 각각 따로 만드는 것이 효율적인 업무추진으로 이어질지 의문이 든다. 게다가 '정원 증가 없이 기존 인력 재배치'를 기조로 한 현 정부의 인력운영방향을 생각해보면, 굳이 중첩되거나 유사한 업무를 나눠서 할 이유가 없다.

그렇기 때문에 현재 지방정부 여건을 고려하여 지역사회의 기후위기 대응과 지속가능한 발전을 위한 업무를 통합적으로 추진해볼 것을 제안해본다.

첫째, 두 상위 법령에 따른 지자체 위임사항 등을 하나의 통합 기본조례로 제정한다. 지속가능발전이 탄소중립을 포괄하는 개념이며, 관련 상위법(탄소중립기본법 및 지속가능발전기본법)도 형식이 상당히 유사하므로, 각각의 사항을 다루는 기본 조례를 운영하는 것보다는 이를 통합적으로 다루는 단일한 기본조례를 제정하는 것이 바람직하다.

법제처에서 펴낸 '2022 자치법규 입안 길라잡이'에서도 "복수의 상위 법령에서 위임하거나 또는 복수의 상위법령에 관계된 사항을 하나의 조례에서 함께 규율하거나 법령에 위임된 사항과 자치사무에 관한 사항을 하나의 조례에서 규율하는 것은 가능하다고 할 것"이라고 하였다.

그러면서 "조례 제정 대상 제도들 간의 상호 유사성, 조례 제정의 근거가 되는 법령 사이의 체계, 여러 법률이나 대상과 관련된 내용을 하나의 조례에 규정하는 경우에 예상되는 혼선의 정도와 입법경제성·이용편의성 등을 종합적으로 고려하여야 할 것"이라고 했다(16쪽). 이를 종합해서 보면 조례는 자치법규이므로 상위 법령에 두 가지를 통합해서 만들지 말라는 법이 없으면, 지방정부의 자치입법권을 행사하면 되는 것이다.

둘째, 탄소중립 및 지속가능발전 관련 세부적인 내용은 개별 조례를 통해 별도로 제정한다. 기본조례는 말 그대로 기본적인 사항에 대해서만 다루면 될 것이고, 필요시 기본조례에 근거하여 관련 세부 사항을 규정하거나, 관련 개념을 기존 조례의 목적과 내용에 반영하는 형식으로 개정 입법할 수 있다. 예를 들어, 지방정부가 관할할 수 있는 온실가스 배출 및 흡수 분야와 관련 있는 녹색건축물, 교통·수송(자전거 및 도보 이용 촉진), 에너지, 도시임업(흡수원), 폐기물 등이다.

이렇게 통합 기본 조례 및 개별 조례를 제·개정하고 난 후, 총괄 부서는 계획수립 및 이행점검을 하고, 각 현업부서는 해당 계획에 따른 관련 업무를 추진하는 방식으로 부서 간 업무분장을 검토해 볼 수 있다.

탄소중립과 지속가능발전은 담당부서만의 업무가 아니다. 지방정부 전체 업무와 관련된 기본 원칙으로 적용되어야 한다. 따라서 유사하고 중첩된 개념을 다루는 복수의 법률에 대한 지자체 위임 사항을 통합 기본조례로 제정·시행할 것을 제안한다. 결과적으로 입법 경제성 및 제도 운용의 효율성 확보가 가능하고, 특히 중복되는 행정절차의 축소를 통한 예산 절감 및 처리기간 단축도 기대할 수 있다.

아직까지 지방정부 행정현장에서는 두 기본법의 시행에 따른 담당부서가 다르고(탄소중립은 환경부서, 지속가능발전은 기획부서) 시행시기도 다르다 보니 위에 제시한 내용에 대한 체감 및 이해도가 다를 수 있다. 그러나 이 문제는 지방의회의 조례 제정 과정 및 중앙정부에의 관련 정책이행 점검 과정에서 겪을 문제다. 선도적인 검토가 필요하다.

〈프레시안〉, 2022년 10월 5일.

II 부 분석

탄소중립과 에너지전환을 위한 지역사회의 과제

제주특별자치도 신재생에너지 개발보급사업 평가

탄소중립과 에너지전환을 위한
지역사회의 과제

'기후위기', 그리고 '소멸위기'의 지역

위기의 시대

위기의 시대이다. 약자들은 기후위기, 멸종위기, 고용위기, 지역소멸위기 등 생태적·사회적 지속불가능을 절박하게 외치고 있다. 국가가 즉각적으로 총동원수준의 위기대응체제를 가동해도 모자랄 판에 강자들은 이들과 현실인식이 다른 듯하다. 오히려 위기를 기회라 부르면서 혁명을 주창하고 있다. '4차 산업혁명', '에너지혁명'이 역사책에서 배웠던 여러 정치사회적 혁명과 유사한 성격의 사회변동인지는 모르겠으나, 이 시대의 '혁명가들'은 자본주의 시장경제의 타도와 붕괴를 주장하는 게 아님은 분명하다.

과거의 구조적이고 집단적인 반복적 행위의 필연적인 결과가 지금의 위기이다. 기존 체제와 관습 그 자체가 원인인데도 불구하고, 사회와 인간에 내재된 관성은 그 스스로를 타파하는 데 걸림돌이 되고 있다. 사회현실과 구조적 시스템의 불일치와 경고방송이 오래되었음에도 전환을 두려워하여 회피하거나, 어떤 경우에는 무시하고 은폐하기도 한다. 그래서 위기해결이 더 어렵다.

기후위기는 공간을 차별하지 않지만, 공간의 성격과 특성에 따라 다르게 나타난다. 더욱이 지역사회는 기후위기와 더불어 오래 전부터 차근차근 진행되어온 지역소멸의 위기가 있다. 청년층이 지속적으로 수도권 등 대도시로 유출됨에 따라, 지역사회는 고령층 위주의 인구구조로 빠르게 재편되어, 과거와 같은 사회적 재생산이 지속되지 않는 곳이 늘고 있다. 교육과 의료시설의 부족은 지역소멸을 가속시키고 있다. 정부의 정책적 대응이 없지는 않지만 그 흐름을 되돌리는 데 아직 성공하지는 못한 듯하다.

농어촌 에너지개발 갈등

이런 상황에서 농어촌 지역은 도시 지역보다 상대적으로 저렴한 토지가격으로 인해 대규모 면적이 필요한 재생가능에너지 개발사업을 추진하는 공간으로 변하고 있다. 해당 지역 농어민들의 필요 또는 농어업에 투입되는 에너지의 탈탄소화를 위한 목적보다는,

이윤추구를 우선으로 하는 자본의 이익에 따라 선택된 측면이 더 크다고 본다.

농민·농업·농촌이 처한 구조적인 '삼농' 문제를 해결하지 않은 채, '농어촌' 공간을 단순히 재생에너지 개발을 위한 저렴한 지가의 공간으로만 쳐다보고, '농어민'을 사업에 반대하는 갈등유발세력으로만 바라봐서는 에너지전환 정책이 지속되기 어렵다. 민주주의를 옹호한다면 해당 공간을 바탕으로 삶을 영위해온/앞으로 해 나갈 주체를 중심에 둬야 한다.

현재 농어촌 지역 재생에너지개발 갈등은 다양한 문제를 내포하고 있다. 찬·반갈등으로 인해 수십~수백 년간 형성되어온 마을공동체가 균열되고 있으며, 임차 농민은 태양광 발전에 땅을 빼앗기고 있다. 임차 농민으로부터의 토지 박탈은 물리적 기반으로서 농지와 생산의 원천으로서 자연력(햇빛)을 빼앗기는 자본의 이중 수탈이라고도 볼 수 있다. 소통이 부재한 채, 도↔농 간, 사업주↔주민 간 경제적 이익의 차별이 발생하면서 도시지역 전환을 위해 농어촌 공간을 활용하는 것은 대도시 에너지공급을 위한 농어촌 지역의 식민지화라고도 볼 수 있다(에너지기후정책연구소, 2021).

위와 같은 최근의 위기와 갈등의 본질을 파악하기 위해, 우리나라에서 가장 앞서 기후변화 대응과 에너지전환 정책을 펼쳤던 '카본프리 아일랜드' 제주도의 결과는 어떠했고, 오늘의 우리에게 시사하는 바가 무엇인지 살펴볼 필요가 있다.

제주도의 기후위기와 '카본프리 아일랜드'

섬의 생태·사회 복합 위기와 정책대응

2010년대 제주도의 인구는 급격히 증가하였다. 2010년 기준 주민등록인구는 57만 1천 명이었는데, 2020년에는 67만 5천 명으로, 매년 1만 명씩 증가하였다(통계청 제주사무소, 2021: 10). 출산에 따른 자연적 증가가 아닌, 타 지역에서 '제주살이'를 동경하면서 온 사회적 이동의 결과였다. 주민등록인구 이외에 외국인과 관광유흥업 관련 종사자, 건설경기 호황에 따라 단기일자리를 찾아온 노동자까지 등록되지 않은 사람을 전부 합하면 80만 명에 육박한다는 이야기도 있었다. 그러나 그런 시기에도 매년 수백 명에서 수천 명의 제주 청년들은 일자리 등을 찾아 육지로 떠나갔다. 오히려 제주의 출생율은 계속 줄어들고 있다.

거주인구의 증가에 더해 저가항공사의 취항에 따른 관광객의 방문도 폭발적으로 증가하였다. 2000년대 초반까지는 연간 500만 명이었다가, 2010년에는 757만 8천 명으로 늘었고, 2020년에는 1,023만 7천 명이었다. 물론 코로나19의 영향으로 줄어들었을 뿐,

2016년부터 2019년까지는 매년 1,400만~1,500만 명이 방문하였다(통계청 제주사무소, 2021: 52).

이렇게 단기간의 급격한 정주인구 및 관광객의 증가는 도시계획에서 전망한 제주 섬의 물리적 수용력을 빠르게 초과하여 주택난, 교통난, 쓰레기난 등 이른바 3란(三亂)을 불러왔고, 돌·바람·여자가 아닌 자동차·쓰레기·중국인이 '새로운 삼다'(三多)라는 우스갯소리도 들리게 했으며, 관광개발을 통한 지역발전 전략이 오히려 지역사회문제로 이어졌다면서 '오버 투어리즘'(과잉관광)의 여론이 조성되었다.

한편 2007년 9월, 태풍 나리의 내습으로 제주시에만 하루에 420mm의 집중호우가 쏟아지는 등 1천 년 빈도의 강우가 내려 13명이 사망하고, 1,300억 원에 달하는 피해가 발생하였다. 이로 인해 지역사회에서는 기후위기와 난개발에 따른 재난이라 규정하고 시급한 대응을 촉구하는 목소리가 커졌다.

제주도는 북위 33도에 위치한 4면이 바다로 둘러싸인 섬으로, 가운데에는 해발 약 2,000미터의 한라산이 우뚝 서있어 약 2천여 종의 생물종이 고도에 따라 다양하게 분포하고 있고, 관광업과 농어업이 주요한 산업경제 구조이다. 그래서 기후변화로 인한 자연환경 및 사회경제 분야의 부정적인 미래와 우려들이 꾸준히 제기되고 있었다.

실제로 제주 특산종인 한라산의 '구상나무'를 비롯해 수많은 고유생물종이 멸종위기에 처해있고, 제주의 감귤재배지가 육지로 북상함에 따라 바나나와 같은 아열대 품종을 재배하고 있으며, 이른바 '살인진드기'에 물려 '중증 열성 혈소판감소 증후군'(SFTS)이라는 새로운 질병으로 사망자가 발생하였다.

특히 2007년 2월, IPCC 3차보고서가 발표된 후 그해 7월 환경부와 제주도는 '기후변화대응시범도 조성'을 위한 협력협약을 최초로 체결했다. 1년 뒤 벌어진 2008년의 고유가 상황은 지역에 부존하는 재생가능에너지로 전환하는 '카본프리 아일랜드' 정책의 발표로 이어졌다.

카본프리 아일랜드 2030 제주의 정책 변천사

문재인 정부는 출범 이후, 탈원전·탈석탄을 표방하는 '에너지전환 정책'을 추진하고 있다. 국제사회의 탄소중립 흐름에 맞춰 2020년 말에는 '2050 탄소중립 선언'을 하였고, 그에 따라 2021년 9월 25일, '기후위기 대응을 위한 탄소중립 녹색성장 기본법'(약칭 '탄소중립 기본법')을 제정하였고, 오는 3월 25일이면 본격 시행된다.

2010년 이명박 정부에서 제정한 '저탄소 녹색성장 기본법'을 폐지하고 새롭게 제정된 법률로 10년 만에 국가의 정책목표가 '저탄소'에서 '탄소중립'으로 한 단계 진전했지만, 제주도에서는 2008년부터 '카본프리'(무탄소·탈탄소=Net Zero)를 주창했다. 물론 1970년대부터 국내 최초의 풍력발전기 설치 등 재생가능에너지 보급사업을 추진했기 때문에 가능한 결과였다. 제주에서는 국가와 기업이 주도하여 자원조사, 기술개발, 정책 수립 등의 과정을 거쳤고, 연구개발 수준을 넘어서 상용화에 도달했다(김동주, 2017).

1980년,, 이규이 도지사의 '바람의 자원화' 지시에 따라 호주에서 3kW급 풍력발전기를 수입하여 도내 3개 마을에 시범 설치·운영하는 사업을 1980년대 말까지 추진하였다. 1990년대 후반에는 신구범 도지사의 '풍력발전 실용성 검토' 지시에 따라 풍력자원 조사를 수행하여 다풍지를 발굴하고, 1998년 1차 사업을 시작으로 2003년 국내 최초의 상업용 풍력발전인 약 10MW의 행원풍력발전단지를 종합 준공하였다. 이를 바탕으로 2000년대부터는 풍력발전을 통한 도내 전력보급목표를 발표하기 시작했다.

2008년 5월, 김태환 제주도정은 당시 원유 1배럴당 100달러가 넘어가는 '신 고유가 시대'에 대응하여 "단기대책에서는 에너지절약과 아울러 에너지 소비구조를 저소비형 구조로의 전환에 중점을 두고 있으며, 장기대책으로는 'Carbon Free Island' 실현에 목표를 두고 있다."고 발표하여, 카본프리 아일랜드를 최초로 언급하였다(제주특별자치도, 2008).

2012년 5월 2일, 우근민 제주도정은 기후변화에 대응하고 에너지

자립을 위한 제주형 저탄소 녹색성장 모델인 〈Carbon Free Island Jeju by 2030〉계획을 발표하였다. 2030년까지 풍력 등 신재생에너지만을 사용하고, 전면 전기자동차를 운행하는 '탄소 없는 섬'으로 조성한다는 내용이었다(제주특별자치도, 2012). 기존 계획을 종합하고 100% 전환으로 목표를 상향했으며, 목표시기를 2030년으로 앞당겼다.

원희룡 도정에서도 카본프리 아일랜드 정책은 그대로 계승되어 보다 정교해졌다. 2015년 9월 2일, 제주도는 도내 전력수요 전체를 풍력 중심의 신재생에너지로 대체하는 '공공주도의 풍력개발 투자활성화 계획'을 확정 발표했다. 2030년까지 도내 총 전력사용량을 113억kWh로 전망하고 육상풍력발전 450MW, 해상풍력발전 1,900MW 등 총 2,350MW를 개발하여 전력수요의 58%를 공급함으로써 전기에너지 자립은 물론 세계적인 청정에너지 모범도시로 조성하는 계획이다(제주특별자치도, 2015).

2016년 4월 28일, 제주도는 '도민 소득으로 이어지는 태양광발전 활성화 기본계획'을 발표했다. 약 1조 원의 사업비를 투자해서 주택, 감귤폐원지, 마을 소유 시설이나 공유지 그리고 제주에너지공사 자체 사업 등을 통해 2030년까지 총 1,411MW 용량의 태양광발전을 설치하는 내용이다(제주특별자치도, 2016).

2019년 6월에는 '카본프리 아일랜드 2030 수정보완계획'을 수립

했다. 도내 전력수요에 100% 대응하는 신재생에너지 설비도입 계획은 변동이 없으나, 보급목표를 기존 4,311㎿에서 4,085㎿로 약간 줄였고, 대신 기존 도내 화력발전소의 연료를 전환한 바이오중유발전이 포함되었다(175㎿). 한편 전기차 100% 대체 목표는 37만 7천 대라는 차량숫자는 그대로 둔 채, 등록차량 50만 대의 75%를 전기차로 대체하고 나머지는 수소차 등으로 전환하는 목표로 조정했다(에너지경제연구원, 2019).

카본프리 아일랜드 제주의 현재와 제도적 기반

제주도 재생가능에너지 현황

2019년 기준 전국 1차에너지[1] 공급량은 303,092천toe[2]이고, 그 중 신재생에너지는 17,688천toe로 전체의 약 5.8%를 차지하고 있다. 2019년 기준 제주도의 1차에너지 공급량은 1,980천toe로 전국 대비 약 0.65%를 차지하는데, 제주도내 신재생에너지 생산량(열량 기준)은 659,220toe로 전국 신재생에너지 생산량 대비 약 3.7%를 차지하고 있고, 제주도내 전체 1차에너지 공급량의 약 33%를 신재생에너지가 공급하고 있다.

한편 2019년 기준 전국 최종에너지[3] 소비량은 231,353천toe이고, 그중 신재생에너지 및 기타(폐기물에너지 포함)는 8,910천toe로, 신재생에너지소비량은 전국 최종에너지 소비량의 약 3.85%이다. 2019년 기준 제주도 최종에너지 소비량은 1,541천toe로, 전국 대비 약 0.66%이고, 제주 최종에너지 소비량 중 신재생에너지 및 기타(폐기물에너지 포함)는 85천toe로 5.5%를 차지하고 있다.

2019년 기준 제주도내 신재생에너지 생산량(열량기준) 659,220toe를 구체적으로 살펴보면 바이오 444,671toe, 풍력 117,163toe, 태양광 71,802toe, 폐기물 21,280toe, 태양열 370toe 순인데, 바이오에너지의 대부분(393,897toe)은 도내 화력발전소의 연료인 바이오중유이다.[4]

2019년 기준 제주도 발전분야 신재생에너지 총보급용량(누적)은 974MW로, 태양광 318MW, 풍력 296MW, 바이오 357MW 등인데, 바이오의 대부분(350MW)은 신규 설치가 아닌 기존 제주도내 화력발전소의 연료전환(중유→바이오중유)에 따른 것이다. 한편 2019년 기준 제주도 발전분야 이외 신재생에너지 보급용량(누적)은 태양열 41,259㎡, 지열 9,676kW, 수열 8,300kW 등이다(에너지경제연구원, 2020).

전력설비 분야 전체로 보면, 2020년 말 현재, 제주도 내에 설치된 전력공급설비(발전기+해저연계선로)는 중앙급전발전기 910MW(기력, 내연, 복합, LNG 등 화력발전), 비중앙발전기 743MW(신재생 및 폐기물)[5], 연계선 400MW 등 총 2,052MW이다. 제주도내에 설치된 전력설비들의 공급량(발전+송전) 점유율은 제주도내 발전기 51.2%(중앙급전 45.6% 및 폐기물 5.6%), 해저연계선 30.6%, 그리고 신재생은 18.2%이다. 신재생에너지 세부 점유율은 풍력 10.5%, 태양광 7.5%, 기타 신재생 0.2%이다(김영환, 2021).

카본프리 아일랜드의 제도적 기반

문재인 정부는 2030년까지 재생에너지 발전비율을 20%로 공급하겠다는 '재생에너지 3020' 목표를 발표했다. 이미 제주도는 시민사회 주도의 '풍력자원 공유화운동'의 결과로서 풍력자원의 공공적 관리를 위한 법규, 조직, 기금 등 지역적 특성을 반영한 제도적 기반을 만들어왔기에 10년 앞서 국가의 목표를 달성할 수 있었다.

가. 법규: 특별법 및 조례

제주는 2011년 5월, 제주특별자치도 특별법 개정을 통해 제303조(전기사업에 관한 특례) 및 제304조(풍력자원의 공공적 관리)를 신설하여, 산업통상자원부 장관의 육·해상 풍력발전에 대한 전기사업 허가 권한을 도지사로 이양받았고, 난개발 방지와 개발이익 지역환원을 위해 '풍력발전지구 지정제도'를 도입했으며, 2011년 및 2013년에 '제주특별자치도 풍력발전 사업허가 및 지구지정 등에 관한 조례'로 구체화하였다.

나. 조직: 제주에너지공사

제주도는 2012년 7월, 기존 제주도가 직영하고 있던 풍력발전단지 등을 현물출자하여 전국 최초의 지방에너지공기업인 '제주에너지공사'를 설립하였고, 독자적으로 30㎿의 신규 육상풍력발전을 준공한 2015년 9월에는 제주에너지공사를 '육·해상 풍력발전사업 시행예정자'로 지정한 뒤 2022년까지 육상 150㎿ 및 해상 702㎿에 대한 사실상의 독점적 사업추진 지위를 부여하였다.

다. 기금: 풍력자원 공유화기금

제주도의 바람을 도민 모두의 것으로 향유하고, 풍력자원 개발 이익을 지역에너지자립 및 에너지복지 사업에 기여하기 위해 2016년 6월, 제주도의회가 주도하여 '제주도 풍력자원 공유화기금 조례'를 제정하였다.

제주도가 직영하는 풍력발전기의 수입금과 제주에너지공사의 이익배당금뿐 아니라, 민간풍력발전사업자의 자발적 기부금을 재원으로 하여 재생가능에너지 개발·이용·보급과 교육·홍보 사업 및 취약계층 에너지 지원사업으로 활용하고 있다. 2017년부터 2020년까지 4년 동안 기금조성액은 190억 원이고, 사용액은 149억 원에 달한다.

재생가능에너지보급에 따라 발생한 여러 가지 문제들

제주지역의 재생가능에너지 보급은 지난 1970년대부터 시작되었지만, 2000년대 들어 상업적인 대규모 발전시설이 들어서고 제주전력계통에서 상당히 많은 부분을 차지함에 따라 기술, 사회, 경제, 환경 등 여러 가지 영역에서 문제들이 나타나고 있다(제주도민에너지전환협동조합, 2021).

기술적 문제: 출력제한

제주 지역에서 풍력과 태양광발전이 전력수요를 초과하여 발전하는 횟수가 점점 많아지고 있다. 2015년 처음 3회가 발생한 이래, 출력제한 횟수와 폭은 매우 급격히 증가하고 있다. 2020년에는 77회 발생하여 1,945만kWh(30억 원 상당)의 발전제약으로 풍력사업자의 매출손실이 발생하였는데, 이는 2020년 제주도내 총풍력발전량의 3.24%에 해당한다.

이러한 출력제한에 대응하기 위해서 산업통상자원부는 제주특별자치도와 전력거래소, 한국에너지공단 등이 참여하는 협의체를 꾸려 전국적인 대응책을 세우기로 했다. 이를 통해 제주에 분산형 에너지 시스템을 마련하고 계통안정화를 위한 공공 에너지저장장치(ESS)도 구축하며, 효율적 관리를 위해 재생에너지 통합관제 시스템도 갖추기로 했다. 또한 제1연계선(제주~해남)과 제2연계선(제주~진도)을 통해 과잉 전력을 육지로 보내는 역송 실험도 추진하여 2021년 상반기부터 70㎿를 보내고 있으며, 2023년까지 양방향 전력 공급이 가능한 제3연계선 구축에도 속도를 내기로 했다(김정호, 2021).

경제적 문제: 가격하락

재생가능에너지 발전사업자는 전력생산량에 따라 정산받는 SMP(계통한계가격)에 더해, REC(신재생에너지공급인증서) 가격을 추가로 받아 비용을 보전받는다. 그런데 최근 몇 년간 제주도내에서는 LNG발전소 신규 가동과 REC 과잉 공급으로 인해 전력거래가격이 꾸준히 하락함에 따라 풍력 및 태양광 등 제주도내 재생에너지 발전사업자들의 수익성이 상당히 악화되었다.

실제로 풍력과 태양광발전 설비만 보유한 제주에너지공사의 영업이익이 최근 4년새 90% 이상 줄어들었다. 공사는 2016년부터 2019년까지 연간 50억 원 이상의 영업이익을 달성했지만, 2020년 전력 및 신재생에너지공급인증서(REC) 가격 하락과 풍력발전 제한 등의 영향으로 영업이익이 5억 원 대로 급감했다(이승현, 2021). 이를 통해 제주지역의 다른 민간 재생가능에너지사업자도 유사한 수준의 상황을 겪고 있음을 미루어 짐작할 수 있다.

사회적 문제: 민원·갈등

지역사회에 새로운 설비의 도입을 위한 각종 개발사업은 이해관계자들 사이의 다양한 입장 차이 등에서 비롯된 사회갈등의 발생으로 이어진다. 재생가능에너지 보급과정에서도 소음 발생, 경관 훼손 등 환경적 사안 이외에도 지가하락, 주민과의 사전협의 미흡 등 여러 가지 사항을 중심으로 한 사회갈등이 발생해왔고, 현재 제주에서는 해상풍력발전단지 건설을 둘러싼 갈등이 있다.

제주도에서는 2000년대 중반, 육상 풍력발전단지 건설을 둘러싼 사회적 갈등이 크게 발생한 적이 있다. 그러나 제주도내 환경운동단체를 비롯한 지역사회에서 '풍력자원 공유화운동'을 전개하여 제주특별법 개정과 도 조례를 제정을 통해 '풍력자원의 공공적 관리'를 법제화하고 실행을 한 뒤부터 갈등은 현저히 줄어들었다. 하지만 최근 해상풍력발전 건설을 둘러싼 사회갈등이 발생하여 지속되고 있다.

2020년 11월 18일, 제주특별자치도는 '2020년 하반기 공공갈등 사업 자체 전수조사' 결과를 발표했다. 갈등 지수가 높고, 갈등 이슈화로 인해 사회적 비용이 크게 우려돼 '중점 갈등관리가 필요'하다고 판단되는 5건 중 제주 제2공항 개발사업을 비롯해 해상풍력발전단지 건설 갈등이 포함되었다. 제주특별자치도는 갈등지수 등이 높은 사업에 대해 사회협약위원회의 심의를 거쳐 '중점 갈등관

리 대상'을 최종 결정한 뒤 체계적 갈등 관리에 나선다고 밝혔다(제
주특별자치도, 2020).

환경적 문제: 생태계·경관

모든 개발사업은 어떠한 형태로든지 건설 및 운영, 그리고 철거
이후에도 자연환경에 일정한 영향을 준다. 육·해상 풍력발전단지
건설 사업은 발전기 및 송전선로의 설치 및 운영과정을 통해 자연
환경과 경관에 영향을 끼친다.

해상풍력발전의 주요 시설물은 '해상-해저-육상'으로 이어지는
복합적인 생태계와 연관되어 있으므로, 연쇄적이고 종합적인 영향
을 고려한 분석이 필요하다. 시설물 설치의 입지적 특성을 검토하
기 위해서는 종의 생활사적 특성과 생태계 특이성을 고려한 영향
을 분석해야 한다. 탄소중립을 위한 해상풍력발전 등 재생에너지
전환추진 과정에서 사전 검토가 미흡할 경우, 재생에너지 확장이
오히려 생물다양성의 추가적인 손실과 생태계 서비스 붕괴를 초래
할 수 있기 때문에 환경 영향을 방지·최소화 및 상쇄하기 위한 방
안 마련이 필요하다(이후승·정슬기, 2021).

제주도의 경우, 육상조류 및 해양포유류에 영향을 줄 수 있는데,
연안에는 해양수산부가 지정한 보호해양생물인 '남방큰돌고
래'(*tursiops aduncus*) 100여 개체가 서식하고 있어 해양환경단체 '핫

핑크돌핀스'를 비롯한 여러 단체 및 연구소 등에서 해상풍력발전단지 사업이 남방큰돌고래에 끼치는 부정적 영향을 지적하며 반대운동을 하고 있다.

카본프리 아일랜드 평가와 과제, 그리고 정책 제안

평가와 과제

아직까지 제주도의 카본프리 아일랜드 정책추진은 기술·자본 중심의 공급지향적 특징이 두드러지게 나타나서, 지역분산형이라기보다는 중앙집중형 전력계통 시스템에 연계되어 가는 추세를 보이고 있다.

출력제한의 문제로 인해 계획된 보급목표를 모두 설치하여도 실제 생산을 통한 전력판매로 이어지기 위해서는 전력계통망 보강과 함께 도내 전력소비량을 초과하는 잉여전력에 대한 육지로의 역송 또는 에너지저장장치(ESS)의 활용과[6] 수전해 그린수소(P2G: Power to Gas)로의 생산, 마이크로 그리드(Micro Grid) 등 다양한 기술적 대안을 마련해야 한다. 물론 개발과 공급을 우선해왔던 정책도 수요관리와 에너지 고효율화에 중점을 두는 방향으로 변해야 하고, 전력시장 제도개편도 시급하다.

특히 에너지 민주주의를 위해 에너지정책의 수립·집행·평가·환류 과정에 정확한 정보가 공개·공유되고, 시민의 참여가 보장되어야 하며, 이를 실행하는 거버넌스가 존재해야 한다. 이러한 시민참여형 정책수립과정·시민 협력을 촉진하는 부서·인센티브 프로그램도 마련해야 한다. 시민들 또한 에너지절약뿐 아니라 에너지생산 등 에너지 전환 과정에 능동적·적극적으로 참여해야 하며, 지역적 수준의 정책은 국가적 수준과 지구적 수준의 정책과 연계되어 상호교류협력을 지속해야 한다.

지역 에너지전환 전담기구 설치 제안

끝으로 각 지방정부 별로 지역에너지전환 전담조직의 설치를 제안해본다. 하나의 기관이 모든 역할을 할 필요는 없으며, 영리조직 및 비영리조직 등 각 조직의 특성에 맞게 각 역할을 부여하고 상호 협력 및 조율을 할 수 있을 것이다.

우선 제주에너지공사와 같은 영리조직은 '공공자원 관리기관'으로서의 역할을 할 수 있다. 에너지개발사업 관련 자원조사 및 부지 발굴, 투자자 공모 등의 업무를 추진할 수 있고, 지역 에너지자원의 공공적 관리·개발을 위한 '공공 개발자(디벨로퍼)'가 될 수 있다.

한편, 비영리조직은 개발이익 운용기관, 거버넌스 운영기관, 지역전환 교육기관의 역할을 맡을 수 있을 것이다. 현재 산업부가 시범사업으로 추진 중인 '지역에너지센터'의 주요 업무이기도 하고, 탄소중립기본법에 따른 '탄소중립지원센터'와 연계하여 추진할 수 있으며, 지역의 특성을 반영하여 중간지원조직의 사업내용을 선정할 수 있다.

'개발이익 운용기관'은 지역부존 재생에너지 개발이익의 지역환원을 재원으로 한 기금을 운영할 수 있다. 현재 '제주도 풍력자원 공유화기금'을 단순히 제주도가 직접 운용하는 것이 아니라, 이런 전담기관을 통해 전문적인 운용을 할 수 있을 것이며, 재생에너지 사업에 대한 주민투자 시, 융자 및 이차보전 등의 사업지원도 할 수 있다.

'거버넌스 운영기관'은 지역사회 내 탄소중립과 에너지전환에 대한 상시적 정보제공 및 의견수렴, 주민수용성 증진을 주요 업무로 할 수 있고, '지역전환 교육기관'은 에너지전환 교육홍보를 추진하고 이를 위한 교육지도자 양성 및 교재·교구 개발 등을 할 수 있다.

그동안 공업 위주의 경제성장을 위한 중앙집권형 개발국가로서 대한민국의 에너지체제는 외부자원에 의존한 대규모 중앙집중형이라는 문제가 있었다. 이제는 기후위기 대응과 에너지 민주주의를 위해 지방정부와 지역사회가 주도하여 지역에 부존하고 있는 재생가능에너지자원을 바탕으로 새로운 지역분산형 에너지체제로 전환해야 한다.

이를 통해 외지 대기업 위주의 재생에너지 사업개발로 인해 벌어지는 농어촌 지역 에너지갈등도 줄어나갈 수 있을 것이고, 개발이익을 지역사회 내부로 환류시켜 지역주민 기본소득의 재원으로 사용하여 지역소멸의 위기를 막는 데 조그마한 기여도 할 수 있다. 그 결과 수도권 집중도 완화된다면 자연스레 지역균형발전으로 이어질 수 있고, 에너지수요도 지역으로 분산되면 수도권을 위한 에너지 생산·유통 구조도 바꿀 수 있다.

《보다정의》제3호, 정의당 정의정책연구소(2022년 3월).

제주특별자치도 신재생에너지 개발보급사업 평가

〈요약〉

제주도는 2008년부터 신재생에너지 개발보급을 주요내용으로 하는 카본프리 아일랜드 정책을 펼치고 있다.

전력거래소 자료에 따르면, 10년이 지난 2018년 말 기준으로 제주도내 신재생에너지 발전은 전체 발전량 대비 12.9%를 차지해 전국 평균보다 약 3배 높은 수준이었다. 얼핏 양호한 수준이라고 볼수 있으나, 제주도가 2008년 이후 수 차례 발표해왔던 계량적 정책목표에는 못 미치고 있으며, 최근에는 전력계통 한계용량, 환경영향으로 인한 시민들의 우려, 입지지역의 주민수용성 문제 등으로 인해 신재생에너지 개발보급은 과거보다 쉽지 않은 상황이다. 또한 인구증가에 따라 전력소비량이 늘고 있어서 대규모 화력발전과 육지로부터 송전받는 전력에 대한 의존도가 증가하고 있다.

따라서 지역 에너지전환을 위해서는 과거와 같은 방식의 신재생에너지 개발·보급을 넘어, 기술적 문제를 해결하기 위한 대안을 마련하고, 전력시장 제도도 개선해야 한다. 이와 더불어 시민과 함께할 수 있도록 거버넌스를 형성하고 교육·홍보를 지속해야 하며, 규정·조직·예산 등 제도적 기반을 유기적으로 운영하고, 타 지역 및 중앙정부와의 협력을 보다 강화해야 한다.

1. 서론

미래의 지속가능성 위기의 원인 중 하나로 지목되는 '기후변화'
와 관련해서 지구적 수준에서부터 지역적 차원까지 다양한 사회적
대응이 존재하고 있다. 그중 기후변화를 일으키는 온실가스 배출
을 줄이기 위해 석유·석탄·가스와 같은 화석연료 소비를 줄이고, 풍
력과 태양광 등 재생가능에너지 보급을 확대하는 '에너지 전환'은
기본적인 방법이다. 물론 에너지전환은 단순히 에너지원만을 바
꾸는 것이 아니라, 에너지와 연계된 정치·경제·사회를 바꾸는 '체
제' 전환의 관점에서 접근해야 한다.[1]

국가 간의 다자적 합의인 UN 기후변화협약이 전 지구적 차원이
라면, 2017년 12월 우리나라 정부가 발표한 '재생에너지 3020계획'
은 2030년까지 우리나라 전력의 20%를 재생가능에너지로 생산하
기로 한 국가적 차원의 대응전략이다. 지역적 수준에서는 광역과
기초 지방자치단체별로 다양한 신재생에너지 정책을 수립·실행하
고 있다.

특히 제주도는 1990년대 초반 '클린 에너토피아 제주'를 시작으
로, 2008년에 이어 2012년에 카본프리 아일랜드(Carbon Free Island,
탄소없는 섬) 정책을 거듭 공표하면서 우리나라에서는 가장 오래된
종합적 지역 신재생에너지 개발·보급 정책을 추진하고 있으며, 그

성과 또한 다른 지역의 선도적인 모범사례로 지목되고 있다. 그리고 최근에는(2019년 6월) 새로운 연구용역을 통해 '카본프리 아일랜드 2030 수정보완계획'을 수립했다.

그런데 지난 수십 년간에 걸쳐 추진된 제주도의 재생가능에너지 정책에 대한 평가는 "드물고, 부정적인 평가가 많"다[2]. 특히 "대규모 인프라 공급을 목표로 한 관주도-산업연계모델이어서 주민참여와 지역거버넌스가 주요한 고려사항으로 되지 못하고 있으며, 국가 및 참여 자본이 주도하는 사업에 더 가깝다."거나[3], "에너지전환에 대한 주민교육이나 고민이 없어 생산량 증가에만 초점을 둘 뿐, 수요 조절 부분이 여전이 부족"하고, "필요한 예산의 절반 정도만 계획하고 있"으며, "제주에너지공사가 자본금이 부족하여 자금조달에 한계가 있"는 데 더해, "시민단체들과의 거버넌스가 여전히 취약한 점도 문제"[4]라는 지적은 시간이 흘러도 계속 제기되는 문제다.

실제로 최근 몇 년 동안 제주도에서는 환경영향과 주민수용성 문제, 전력계통 한계용량[5], 대규모 재원조달 및 수익성 불투명 등 환경·사회·기술·경제적 요인으로 인해 대표적인 신재생에너지원인 풍력발전의 개발·보급이 정체된 상태다. 따라서 지금은 그간 제주도가 추진해온 신재생에너지 정책의 성과뿐 아니라, 문제점을 파악하고, 올바른 정책 수립과 이행을 위해 평가를 해야 할 시점이다.

이 글의 목적은 기후·에너지 분야의 많은 관계자들이 주목하고 있는 제주특별자치도의 카본프리 아일랜드 계획 중 지난 10년간 펼쳐온 신재생에너지 개발·보급 정책을 평가하는 것이다. 이를 위해 그동안 제주도가 발표해왔던 신재생에너지 정책 현황을 정리하고, 기존 선행연구를 바탕으로 분석틀을 마련하여 평가해볼 것이다. 또 한국전력거래소(제주지사/본부)에서 매년 초 발표하는 '제주지역 계통운영 실적보고', 제주특별자치도에서 생산한 각종 정책발표 보도자료, 제주특별자치도의회 행정사무감사 업무보고자료를 비롯하여 언론보도기사 등의 자료를 참고했다.

2. 선행연구와 분석틀

선행연구 검토

재생가능에너지 정책에 대한 연구들은 많지만, 그 정책을 평가하기 위한 목적의 글은 많지 않다. 그마저도 국가적 차원의 전력정책을 다루거나,[6] 민간기업의 신재생에너지 투자 의사결정과 관련된 주요 평가항목을 도출하고 각 항목의 가중치를 분석하는 내용이어서,[7] 지역 정책을 평가하는 데 적합하지 않다. 물론 제주의 사례를 다룬 논저가 있긴 하지만 태양에너지 보급설비의 사용자들을 대상으로 한 설비 사용실태와 만족도에 대한 면접조사여서 별도의 분석틀에 따른 평가는 아니었다.[8] 또한 본 논문이 다루는 제주도의 카본프리 아일랜드 정책의 이행실적을 AHP(Analytic Hierarchy Process) 방법론을 활용하여 평가한 사례도 있지만,[9] 평가결과가 계량적이어서 정책이행실적의 정성적인 세부사항에 대해 알기 어렵고, 정책 실행을 주관하는 담당공무원이 과반을 차지한 평가위원단 구성도 결과의 객관성에 의문을 제기한다.

그럼에도 지역 에너지전환 정책을 평가하는 몇몇 연구들이 최근 발표되었다. 먼저 경기연구원은 경기도 에너지비전 2030 실현을 위해 시·군 등 기초 지방자치단체의 에너지정책 평가모형을 구축하고 시범평가를 통해 시사점과 평가지표, 활용방안을 제시하는 연구보고서를 발표하였다.[10] 이 보고서는 국가 및 지역에너지정책을 평가하는 국내·외 사례 검토를 통해 기초 지방자치단체의 에너지정책 평가 모형을 제시하였다.[11] 해당 모형은 '에너지 정책성과 및 역량', '에너지자립 실천 노력' 등 두 개 부문으로 이루어져 있으며, 전자는 에너지효율(5개 지표), 에너지 생산(4개 지표), 제도적 기반(6개 지표)으로, 후자는 사업추진 실적(4개 지표)과 역량강화(2개 지표)로 구분되었다. 구체적으로 살펴보면 에너지 정책성과 및 역량이란 에너지자립 정책을 추진할 수 있는 능력과 정책 추진 결과를 나타내며, 여기에는 지자체의 지리적 요인, 공간구조, 에너지소비 패턴, 재정능력 등 구조적인 요인이 일부 반영되어 있다. 또 에너지자립 실천 노력이란 경기도 에너지비전 목표와 연계하여 경기도 주요 에너지 사업에의 참여, 공공부문의 선도적 실천 등 에너지자립 노력의 적극성을 의미한다.

다음으로 '사회-기술 시스템 전환이론'에 따라 서울시의 전환 정책들(에너지 정책, 교통 정책, 자원순환도시 정책)을 검토한 연구가 있다.[12] 이 연구에서는 "구조적 변동에 이르는 수준은 아니지만 미시적 수준에서 점진적인 변화가 누적되기 시작한 것으로" 평가하면서, 특히 정책에 대한 정량적·정성적 평가 기준으로 제시한 ①장기 비전과 가치지향의 존재 여부, ②단기적 성과, ③제도적 변화 여부, ④추진 주체와 (성찰적) 거버넌스의 존재 여부 등 네 가지는 본 논문의 분석틀 구성에 참고할 수 있다.

한편, 지속가능성 전환의 관점에서 서울시의 '공유도시'와 에너지전환 정책을 평가한 또 다른 연구는 ①생태적 지속가능성(저탄소), ②사회적 정의/포용, ③레짐/경관 변화, ④전환 거버넌스, ⑤전환정치(에너지시민성을 가진 정치주체 형성과 새로운 정치) 등 5가지 평가 기준으로 에너지소비량 변화와 목표 기준 설정의 문제, 정책 과정의 참여와 성찰성의 발현을 평가 대상으로 삼았다.[13]

분석틀: 평가방식과 기준

제주도 신재생에너지 개발·보급 정책을 평가하는 이 연구는 제주도 전기자동차 보급사업을 평가한 기존 연구[14]의 분석틀을 활용하였다. 해당 연구는 '지역에너지계획' 수립과정에 포함되는 자체평가 방안의 형식[15]을 토대로 하여 ①목표달성 여부에 대한 내부 기준 평가와 ②에너지전환의 원칙에 따라 구성한 외부 기준 평가 등 두 가지 방식으로 정량·정성 평가를 하였다. 이 방식은 단순히 정책실행의 결과로 나타난 계량적인 수치만을 정량적으로 평가하는 것에 그치지 않고, 그 정책이 수립된 배경이 되는 가치와 지향('에너지전환')에 바탕을 둔 물음으로 정성적 평가를 시도하여 상호 간의 평가를 보완한 것이 특징이다.

이렇게 기존 연구의 분석틀을 활용한 이유는 신재생에너지와 전기자동차 보급 등 두 사업 모두 제주특별자치도가 추진하는 에너지전환 정책인 '카본프리 아일랜드 계획'에 포함된 하위 부분이고, 동일한 분석틀을 적용한 개별 사업의 평가 결과를 종합하면 전체 카본프리 아일랜드 정책에 대한 평가로도 확장할 수 있을 뿐 아니라, 기존 연구와의 정합성도 갖출 수 있기 때문이다. 물론 내부 목표달성 여부와 외부기준 평가라는 기존 연구의 중요한 분석틀을 차용하였지만, 각 평가기준 별 구체적인 질문은 위의 선행연구에

서 제시된 평가기준(지표)을 참조하여 추가하였다.[16]

먼저, 내부적 평가기준은 카본프리 아일랜드 계획 중 신재생에너지 분야에서 연도별·부문별·단계별로 제시한 계량적 보급목표의 달성 여부를 평가한다. 예를 들어 2030년까지 재생가능에너지로 100% 전력공급이 최종목표라면 현 시점에서의 전체 전력소비량 중에서 재생가능에너지 공급비율을 보여주는 방식이다.

다음으로 외부적 평가기준은 앞의 선행연구들뿐 아니라, 지역에너지정책을 분석한 기존의 연구들[17]에서 제시된 에너지 전환의 개념을 종합하여 도출하였고, 다음과 같이 10가지로 요약할 수 있다.[18] 이 중 '가.공급전환/에너지생산'은 앞의 ①목표달성 여부에 대한 내부기준평가이고, '나.수요관리'와 '다.고효율화'는 신재생에너지 분야가 아니므로, 나머지 7가지를 외부적 평가의 분석기준으로 적용한다.

에너지전환 원칙에 따른 정책평가 기준

	주제	물음	비고
가	공급전환/ 에너지생산	- 핵/화석연료에서 재생가능에너지로 에너지원 공급을 전환하고 있는가? - 전체 전력생산(소비)량 중 재생에너지 비중은 얼마인가? - 전년 대비 올해의 재생에너지 공급 증가율은 얼마인가? - 전체 신재생에너지 잠재량 대비 현재 개발량은 얼마인가? - 상업용 이외 신재생자가발전 등 보급사업 실적은 얼마인가?	정량

	주제	물음	비고
나	수요관리	- 수요 관리를 통해 에너지소비량의 증가를 억제하거나 감소시 키고 있는가? - 성장·공급지향인가, 아니면 탈성장·절약지향인가?	제외
다	고효율화	- 에너지 효율성을 증대시키기 위한 노력을 하고 있는가?	제외
라	지역분산	- 대규모 중앙집중형에서 소규모 지역분산형 에너지시스템으로 전환하고 있는가? - 외부의존형인가, 아니면 지역자립형인가?	정성
마	거버넌스	- (지역 내부에서의) 에너지 정책 수립·집행·평가·환류 과정에 정 확한 정보가 공개·공유되고, 시민의 참여가 보장되며, 이를 실 행하는 거버넌스가 존재하는가? - 시민참여형 정책수립과정·시민 협력을 촉진하는 부서·인센티 브 프로그램이 있는가? 정부(지방자치단체)의 성격이 권위적 인가, 아니면 민주적인가?	정성
바	에너지시민성	- 시민들은 에너지절약뿐 아니라 에너지생산 등 에너지 전환 과 정에 능동적·적극적으로 참여하고 있는가? - 에너지협동조합 등 시민참여 재생에너지 생산 및 자가용 재생 에너지 설치용량은 얼마나 되는가?	정성· 정량
사	환경영향	- 돌이킬 수 없을 정도로 환경을 파괴하고 있는가? - 아니면 사업종료 시 원상복구를 통한 원형회복이 가능한가? - 환경영향을 예측하고 사전에 저감하는 방법을 적용하는가?	정성
아	단위연계	- 지역적 수준의 정책은 국가적 수준과 지구적 수준의 정책과 연 계되고 있는가? - 국내외 네트워크 활동 실적은 어느 정도인가?	정성

	주제	물음	비고
자	제도적 기반	- 에너지 정책목표를 설정하고, 관리하고 있는가? - 장기비전 및 가치지향이 있는가? - 에너지 관련 조례 및 규칙, 고시 등은 얼마나 존재하고 활용되는가? - 해당 지자체의 에너지 예산의 비율은 얼마인가?(일반회계 세출 예산 대비 비율) 또는 (전체 예산의 경우 일반회계 중 에너지관련 예산 및 에너지관련 특별회계/기금 포함) - 에너지 전담조직(지자체 직속 및 산하기관 포함)의 구성은 어떻게 되는가?	정성· 정량
차	제도적 기반	- 특이한 선도사례가 있는가? - 에너지전환에 대한 교육홍보를 충실하게 하는가?	정성· 정량

이러한 평가틀은 에너지전환 정책에 대한 규범적 평가 기준이라고 할 수 있다. 즉, 에너지전환이 무엇이고, 어떠한 방향으로 전환해야 하는지에 대해 기존 연구들에서 제시한 내용들을 종합하여 이상적인 에너지전환의 모형을 구성한 후, 현재 추진하고 있는 에너지정책의 내용이 그것에 부합하는지 묻기 위한 기준이다. 일종의 이념형적인 기준이므로, 타 지역과 비교하기 위하여 특정한 내용의 지표를 개발하고 가중치를 부여하는 계량적인 평가와는 다른 방법이다. 또한 관련된 항목들은 에너지전환이 무엇인지 논쟁하는 과정에서 수정될 수 있고, 지역별로 상이할 수도 있지만, 이런

내용을 통해 평가기준을 확립한다면 정책추진과정에서 발생하는 문제들을 동일한 맥락에서 바라볼 수 있을 것이다.

3. 제주도 신재생에너지 개발·보급 정책의 전개[19]

카본프리 아일랜드 계획 발표 이전의 제주도 에너지 정책

제주 지역에서는 1970년대부터 풍력발전기가 설치되기 시작했다. 이후 국가와 기업이 주도하여 자원조사, 기술개발, 정책 수립 등의 과정을 거쳤고, 연구개발 수준을 넘어서 상용화에 도달했다.[20]

1980년에는 이규이 도지사의 '바람의 자원화' 지시에 따라 '풍력 등 청정에너지이용 문화복지마을 육성 기본지침'을 수립하고, 호주산 풍력발전기를 수입하여 도내 3개 마을(외도, 동귀, 신평)에 시범 설치·운영하는 사업을 1980년대 말까지 추진하였다.

1990년대 후반에는 신구범 도지사의 '풍력발전 실용성 검토' 지시에 따라 풍력자원 조사를 수행하여 다풍지를 발굴하고, 1998년 1차 사업을 시작으로 2003년 행원풍력발전단지를 종합 준공하였다. 2004년에는 한경면 고산리 자구내 포구 안덕면 동광리에 태양광 그린빌리지 조성사업을 시작하였고, 2005년에는 한경면 신창리에 850㎾급 2기를 설치한 풍력 그린빌리지 조성사업도 추진하였다. 이렇게 제주도는 지방자치단체 차원에서 신재생에너지를 중심으로 한 지역에너지사업을 지속적으로 추진해왔고, 2000년대부터는 풍력발전을 통한 전력보급목표를 발표하기 시작했다. "도내 전력의 10% 이상을 대체한다."는 계획을 2001년 처음으로 발표했고, [21] 2008년에는 "2020년까지 500㎿(육상 200㎿, 해상 300㎿)의 풍력발전을 개발하여 총전력 수요의 20%를 풍력발전으로 대체하여 나간다는 계획"을 발표했다. [22]

2008년, 카본프리 아일랜드를 최초 언급한 김태환 도정

2008년 5월, "카본프리 아일랜드(Carbon Free Island)"라는 표현이 처음 등장하였다. 물론 1990년대에는 '클린에너토피아'(clean energy + utopia)가 사용되었고, [23] 2008년 2월에는 'Clean Energy City'라는 표현도 있었다. [24] 그러던 중 2008년 당시 원유 1배럴당 100달러가 넘어가는 '신 고유가 시대'에 대응하여 제주도는 "단기대책에서는 에너지절약과 아울러 에너지 소비구조를 저소비형 구조로의 전환에 중점을 두고 있으며, 장기대책으로는 'Carbon Free Island' 실현에 목표를 두고 있다."고 발표하였다. [25]

제주도는 유채를 활용한 바이오디젤 시범공급과 더불어 감귤을 이용한 바이오에탄올 상용화 연구용역을 수행하고, 풍력발전은 2020년까지 500㎿를 개발하며, 태양광주택에 대한 민간부담금을 50% 경감해서 2011년까지 태양광 주택 1천호 보급사업을 적극 추진하기로 했다. 또 지열 등을 활용한 지역난방 시스템 구축과 부존자원을 이용한 에너지개발·보급도 확대해 나가겠다고 밝혔다. 이후 제주도는 풍력발전, 지열발전, 스마트그리드, 에너지절약 협약 체결 등 에너지 관련 정책을 발표할 때마다 '카본프리 아일랜드 조성'이라는 표현을 계속 사용하였다. [26)]

2012년, 기존 계획을 종합하고
100% 전환 계획을 발표한 우근민 도정

해상풍력과 전기자동차를 중심으로 하는 현재의 카본프리 아일랜드 정책은 우근민 도정에서 체계화되었다. 2012년 5월 2일, 제주도는 기후변화에 대응하고 에너지자립을 위한 제주형 저탄소 녹색성장 모델인 〈Carbon Free Island Jeju by 2030〉 계획을 발표하였다. 2030년까지 제주를 풍력 등 신재생에너지만을 사용하고, 전면 전기자동차를 운행하는 '탄소 없는 섬'으로 조성한다는 내용이었다. 1단계는 가파도 카본프리 아일랜드 시범모델을 만들고, 2단계로 2020년까지는 전력 50% 대체, 그리고 3단계로 2030년까지 전력 100% 대체를 목표로 제시했다. 이러한 목표 달성을 위해서 스마트그리드 거점지구 추진, 전기자동차 시범도시 구축, 해상풍력 2GW 개발, 제주에너지공사 설립을 주요 추진계획으로 제시했다.[27] 이렇게 우근민 도정은 기존에 발표된 여러 가지 에너지정책을 '카본프리 아일랜드'라는 비전 아래 하나의 틀로 정리하였고, 100% 전환 및 대체와 2030년 달성이라는 계량적 목표를 명확히 하였으며, 각 부분별·단계별 목표를 제시하였다.

2015년~현재, 글로벌에코플랫폼과 그린빅뱅, 공공주도 풍력과 감귤폐원지 태양광발전을 발표한 원희룡 도정

카본프리 아일랜드 정책은 도지사가 바뀌었음에도 계속 추진되었다. 원희룡 도정(1기 및 2기)은 보다 적극적으로 새로운 내용을 수시로 추가 발표하였다.

2015년 5월, 대기업과 대규모 ESS 및 연료전지 구축하는 '글로벌 에코플랫폼 제주'
2015년 5월 26일, 제주도는 LG와 '카본프리 아일랜드(Carbon Free Island) 제주' 비전의 조속한 실현과 제주를 에너지신산업의 글로벌 플랫폼으로 구축하기 위해 그 실행방안으로 '글로벌 에코 플랫폼 제주' 업무협약을 맺었다. 28) 이번 계획의 핵심은 신재생에너지 발전 인프라를 구축하고 전기차 사용을 확대하기 위해 3년 전 카본 프리 아일랜드 계획에 없던 1300MW 에너지저장장치(ESS) 구축과 520MW 연료전지 발전을 도입하고, 제주도와 LG, 그리고 한국전력이 함께 특수목적법인을 설립한다는 내용이다. 29)

2015년 9월, 추진방법을 변화시킨 '공공주도의 풍력개발 투자 활성화 계획'

2015년 9월 2일, 제주도는 지난 2월부터 5회의 전문가 토론, 2회의 도민 대토론회 등 전문가와 도민의 다양한 의견 수렴과 유관기관과의 협의를 거쳐 도내 전력수요 전체를 풍력 중심의 신재생에너지로 대체하는 '공공주도의 풍력개발 투자활성화 계획'을 확정 발표했다. 제주도는 풍력의 체계적인 관리와 제주환경의 가치를 최우선으로 하는 도민의 주도적 참여와 도민의 기업인 제주에너지공사가 풍력개발 지구 선정과 인허가절차를 이행하고, 향토기업뿐 아니라, 막대한 사업비 조달을 위해 공모(경쟁)를 통한 공기업·민간 기업 등의 투자를 유치한다고 밝혔다.

2030년까지 도내 총 전력사용량을 113억kWh로 전망하고 육상풍력발전 450MW, 해상풍력발전 1,900MW 등 총 2,350MW를 개발하여 전력수요의 58%를 공급함으로써 제주도를 전기에너지 자립은 물론 세계적인 청정에너지 모범도시로 조성한다는 것이다.

또한 국내 풍력발전기 제조 산업과 도내 유지보수(관리) 전문기업 육성을 위하여 실증을 거친 국내산 풍력발전기를 우선 적용하고 풍력발전단지별 출력제어시스템 구축, 일정 규모의 BESS(배터리를 이용한 에너지 저장장치) 설치를 의무화함은 물론, 도내에서 생산된 전력을 내륙으로 역(逆)송전할 수 있는 양방향 해저연계선을 2022년까지(기존에는 2025년까지 예정) 앞당겨 설치할 수 있도록 중앙정부에 건의하고 협의해 나갈 계획이라고 밝혔다.[30]

2016년 4월, 태양광 대규모 개발 '도민소득으로 이어지는 태양광발전 활성화 기본계획'

2016년 4월 28일, 제주도는 '도민 소득으로 이어지는 태양광발전 활성화 기본계획'을 발표했다. 태양광발전설비의 가격하락과 정부의 전력시장 개방정책 및 에너지기술의 혁신적인 발전을 기반으로, 도민 소득으로 이어지는 정책 추진이 필요했기 때문이다.[31]

약 1조 원의 사업비를 투자해서 주택, 감귤폐원지, 마을 소유 시설이나 공유지 그리고 제주에너지공사 자체 사업 등을 통해 2030년까지 총 1,411MW 용량의 태양광발전을 설치하겠다는 내용이다. 세부적으로 살펴보면, 주택용 태양광발전 사업의 보급 목표는 580MW로, 제주도 전 주택의 81%에 해당하는 17만 4,000호에 4,433억 원을 투입해서 집집마다 3킬로와트의 태양광발전기를 설치하는 계획이다. 감귤폐원지 태양광발전 보급 사업은 580농가, 510헥타르(약 155만 평) 규모의 감귤폐원지에 3,195억 원을 투입해 340㎿ 규모의 설비를 설치하는 것이고, 마을회 소유 시설 및 공유지 태양광발전 사업은 566개 마을에 1,740억 원을 투입해 138㎿의 태양광발전 설비를 설치하겠다는 목표다.

불과 7개월 전에 발표한 '공공주도의 풍력개발 투자활성화계획'에 포함된 태양광발전 개발목표는 2030년까지 300㎿였지만, 이번 계획에서는 그것을 일반사업자용으로 해석하고 그보다 4배 규모인 1,111㎿를 도민들이 참여하는 개발목표로 추가하였다.

2019년 6월, 에너지자립도 제고를 위한 '카본프리 아일랜드 2030 수정보완계획'

제주도는 지난 2012년 '카본프리 아일랜드 2030 by 제주' 계획을 발표한 지 7년이 흘렀고 그동안 여러 가지 상황이 변화함에 따라 약 3억 6천만 원의 예산으로 에너지경제연구원에 의뢰하여 2019년 6월 '카본프리 아일랜드 2030 수정보완계획'을 수립했다.

도내 전력수요 100% 대응하는 신재생에너지 설비도입 계획은 변동이 없으나, 신재생에너지 보급목표를 기존 4,311㎿에서 4,085㎿로 약간 줄였는데, 연료전지를 대폭 축소하였고(520㎿→104㎿), 지열은 포항 지진 사태의 여파로 인해 제외하였으며, 대신 기존 도내 화력발전소의 연료를 전환한 바이오중유발전이 신설되었다(175㎿).

한편 전기차 100% 대체 목표는 37만 7천 대라는 차량숫자는 그대로 둔 채, 등록차량 50만 대의 75%를 전기차로 대체하고 나머지

2008년 이후 제주도 신재생에너지 개발보급 정책 발표 현황(종합)

발표연월 /도지사	제목	주요보급목표(용량/연도)		
		풍력	태양광	기타
2008. 5월 /김태환	신고유가시대 에너지종합대책	육상 200㎿/2020년 해상 300㎿/2020년	1천 호 주택/ 2011년	지열, 바이오디젤/ 에탄올
2012. 5월 /우근민	Carbon Free Island Jeju by 2030	육상 300㎿ 해상 2,000㎿	100㎿/ 2020년	전기차 100% 전환
2015. 5월 /원희룡	글로벌 에코플랫폼 제주	1,350㎿/2020년 2,350㎿/2030년	300㎿	연료전지 520㎿ ESS 1,900㎿h
2015. 9월 /원희룡	공공주도의 풍력개발 투자 활성화 계획	육상 450㎿ 해상 1,900㎿	300㎿	연료전지 520㎿ 해양·바이오·지열 각 10㎿
2016. 4월 /원희룡	도민소득으로 이어지는 태양광발전 활성화 기본계획	-	1,411㎿	
2019. 6월 /원희룡	카본프리 아일랜드 2030 계획 수정보완용역	육상 450㎿ 해상 1,895㎿	1,034㎿/2025년 1,411㎿/2030년	바이오/폐기물 40㎿ 바이오중유 175㎿ 연료전지 104㎿

※자료: 각 계획을 종합하여 저자가 작성. 목표연도는 별도표기가 없으면 2030년임.

는 수소차 등으로 전환할 예정이라고 목표를 조정했다. 여기에 더해 에너지 수요관리 고도화를 통해 에너지수요를 절감시켜 최종에너지 원단위를 0.071TOE/백만원 실현이라는 새로운 목표와 함께에너지 융·복합 신산업 선도가 추가되었다. [32)]

4. 내부 목표 달성 및 에너지전환 원칙을 통한 정책 평가

내부 목표 달성의 계량적 평가

먼저 각 정책들이 제시한 보급목표를 달성했는지 평가하기 위해 2018년 말 제주도 재생에너지 보급현황을 기준으로 앞의 분석틀에서 제시한 '공급전환/에너지생산'의 물음을 적용하여 분석을 해본다.

보급목표 달성 평가

① 연도별/부문별 보급목표 달성 여부, 전체 전력생산(소비)량 중재생에너지 비중, 전년 대비 올해 재생에너지 공급 증가율

전력거래소 자료에 따르면, 2018년 말 기준 제주도의 신재생에너지 발전설비 용량은 443MW(풍력 266MW, 태양광 168MW, 기타 3MW)로 전체

도내 발전설비용량 1,330㎿의 33.3%를 차지하고 있으며, 신재생 발전량은 730.4GWh로 도내 총발전량 5,675.73GWh의 12.9%를 차지했다.

2009년부터 2018년까지 만 10년 동안 제주도 신재생에너지 보급용량은 88.9㎿(풍력 86.4㎿, 태양광 1.5㎿, 기타 1㎿)에서 443㎿(풍력 266㎿, 태양광 168㎿, 기타 3㎿)로 약 5배 증가했고, 발전량도 117.6GWh에서 730.4GWh로 약 6.2배 증가했다. 특히 도내 총발전설비용량 중 신재생에너지설비용량은 약 10%에서 33.3%까지 약 3.3배 증가했고, 도내 총발전량 대비 신재생에너지 발전량비율도 3.2%에서 12.9%로 4배 증가했다.

2018년도 기준 우리나라 전체 전력거래량 537,064GWh 중 신재생에너지는 25,610GWh로 전체의 약 4.77%를 차지한 데 비해,[33] 전국 전력거래량의 1% 수준인 제주도에서 신재생에너지 전력량 비율은 전국 대비 약 2.9배 더 많은 비율을 보여주고 있다.

2018년 말 제주도 신재생에너지 보급현황 기준으로 보면, 2001년 제주도가 발표한 "도내 전력의 10% 이상을 대체한다."는 목표는 달성했다. 그러나 '카본프리 아일랜드'라는 표현을 처음 사용한 2008년의 계획[34]에 비춰볼 때, 용량 기준으로 육상풍력은 보급목표(200㎿)를 초과 달성했으나, 해상풍력은 그 목표(300㎿)의 1/10에 그치고 있고, 발전량 기준으로도 조금 부족한 수준이다.[35] 이로 인

2009~2018년 사이 제주도내 신재생에너지 발전량 및 설비용량

연도	발전량(GWh)			설비용량(MW)					
	총발전량	신재생 발전량	신재생 발전량 비율 (%)	전체	용량	신재생 용량 비율(%)	풍력	태양광	기타
2009	3,678.30	117.6	3.2	-	88.9	-	86.40	1.5	1
2010	3,895.30	174.9	4.5	833.6	93.6	11.2	89.90	1.5	2.2
2011	4,033.50	195.8	4.9	835.2	95.2	11.4	91.40	1.505	2.26
2012	4,207.80	206.3	4.9	853.1	113.1	13.3	106.30	4	2.26
2013	4,463.50	273.7	6.1	822.2	122.2	14.9	109.90	9.6	2.7
2014	4,580.30	294.6	6.4	794.4	204.4	25.7	153.31	48.4	2.66
2015	4,791.50	447.2	9.3	886.8	296.81	33.5	215.60	72.7	8.51
2016	5,127.51	589.4	11.5	1078.0	369.0	34.2	267.00	102	
2017	5,422.04	714.3	13.2	1103.0	394.0	35.7	273.00	121	
2018	5,675.73	730.4	12.9	1330.0	443.0	33.3	266.00	168	3

※자료: 전력거래소 제주지사, 제주계통운영실적(각 연도자료 발췌하여 저자 재구성)

해 2012년 발표한 계획에 따라 2020년까지 해상풍력 1GW, 육상풍력 300MW, 태양광 30MW 등을 통해 발전량의 50%를 신재생에너지로 대체한다는 것은 사실상 불가능한 목표가 되었다. 특히 2018년 말까지 풍력·태양광 등 신재생에너지 730MW를 통해 전력 전환율 35% 이상을 달성하겠다는 '2015년 글로벌에코플랫폼' 계획은 이

2009~2018년 사이 제주도내 신재생에너지 발전량비율 및 설비보급용량

※자료: 전력거래소 제주지사, 제주계통운영실적(각 연도자료 발췌하여 저자 재구성)

미 그 구상을 작성했던 LG그룹에서 그 이후 후속조치가 전혀 없었기에 애초부터 달성할 수 없었던 목표였을지도 모른다.

결과적으로 그 이후 발표한 계획들의 풍력발전 보급목표 달성은 어렵다는 것을 금방 알 수 있다. 2015년 9월 발표한 공공주도 풍력투자활성화 계획에 따라, 2020년까지 육상풍력 392MW, 해상풍력 698MW 등 총 1,090MW를 설치하겠다는 목표는, 현재 상황에 비춰볼 때 육상풍력 약 260MW, 해상풍력 30MW 보급으로 그칠 가능성이 높다.

이에 비해 태양광발전은 풍력발전과는 달리 보급목표를 초과했거나 근접했다. 카본프리 아일랜드 계획을 발표한 2012년 4MW에 불과했던 태양광발전은 6년 만에 42배 증가한 168MW가 설치되었다. 2012년 계획에서는 2020년까지 30MW 보급이 목표였기에 매우 놀랄 만한 숫자였다. 이렇게 태양광발전 보급이 매우 빠르게 진행이 되자 제주도는 그 이후 발표한 계획을 통해 태양광발전 보급 목표를 상향조정했다. 그 결과 2015년 9월 계획에서는 2020년까지 250㎿, 그리고 7개월 뒤인 2016년 4월 계획에서는 2022년까지 646㎿, 2030년까지 1,411㎿(1,854GWh)를 보급(일반사업자용 300㎿ 포함)하겠다고 발표했다. 특히 당시 핵심정책이었던 감귤폐원지 태양광발전 보급사업은 70농가·84개소(태양광발전시설 43㎿)를 추진하여 2019년 8월 말 현재, 75개소(포기한 9개소 제외)에 대해서는 인허가가 완료되었고, 그중 72개소의 시설공사도 완료되어 55개소가 운전 중이며, 17개소는 한전 계통접속 대기 중인 상태 등 상당한 실적을 보여주기도 했다.[36]

② 전체 신재생에너지 잠재량 대비 현재 개발량, 상업용 이외 자가발전 등 보급사업 실적

신재생에너지 잠재량은 현재의 기술 수준 하에서 활용할 수 있는 최대 에너지량인 '기술적 잠재량', 현재의 경제성·지원정책·규제정책 등의 시장환경 하에서 실질적으로 활용할 수 있는 에너지량인 '시장잠재량' 등으로 구분할 수 있다. 기술적 잠재량보다 시장 잠재량이 더 규모가 작은데, 제주도 육상 신재생에너지의 시장잠재량을 설비용량(㎿) 기준으로 보면, 태양광 15,719㎿, 태양열 2,729㎿, 풍

력 1,887㎿ 등이고, 해상 잠재량은 고정식 풍력 1,225㎿ 등이다. [37]

이러한 신재생에너지 시장잠재량 대비 현재 개발량은 태양광 약 1%, 육상풍력 약 12.5%, 해상풍력 약 2.4% 수준이어서, 아직 제주도에는 현재 보급된 용량보다 더 많은 신재생에너지시설을 설치할 수 있다고 볼 수 있다. 그렇지만 기술적 및 시장잠재량을 산정할 때 환경영향과 주민수용성은 검토 대상이 아니었다. 즉, 태양광 및 풍력발전을 설치할 수 있는 구체적인 부지를 찾아본다면 각종 환경규제 및 주민 민원으로 인해 실제 잠재량보다 매우 적은 면적만을 발굴할 수 있을 것이므로, 단순히 잠재량 대비 개발량의 적은 수치만을 나쁘게 평가할 수는 없다.

한편 전력거래소를 통하지 않고 한국전력과 직접 전력구매계약 (PPA: power purchase agreement)을 맺은 발전소도 상업용이지만, 자료 확보가 여의치 않아 제시하지 못하였다. 다만, 그 외 비상업용 자가용신재생에너지 보급실적은 2019년 기준으로 '농어촌지역 에너지자립마을 조성사업' 13개 마을에 태양광 3,972㎾, '공공기관 태양광발전시설 보급사업' 2개소에 136㎾, '주택 및 마을공동이용시설 태양광발전시설 지원사업'으로 주택 743㎾, 마을공동이용시설 811㎾를 신규 설치하여 총 4,851㎾로 집계되었다. [38] 2018년 기준으로 전력거래소와 거래하는 제주도내 상업용 태양광발전 용량 168,000㎾의 약 2.89% 수준이다.

계량적 평가결과 종합

이상으로 그동안 제주도가 발표한 신재생에너지 정책의 계량적 목표 달성 여부를 2018년 말 현재의 보급현황을 기준으로 평가해 보았다. 전반적으로 봤을 때 초기에 발표한 보급목표들은 그런대로 근접했다고 볼 수 있는 데 비해, 비교적 최근에 발표한 계획들은 목표와 현실과의 괴리가 좀 컸다.

그럼에도 신재생에너지 보급용량이 꾸준히 증가하고 있음을 확인할 수 있다. 초기에는 대규모 육상풍력발전을 중심으로 보급이 되다가 여러 가지 민원으로 인해 소강상태에 접어들 무렵, 생산원가 하락에 힘입어 태양광발전 보급이 급격히 증가하여 현재는 거의 비슷한 보급용량에 도달했다. 물론 풍력과 태양광에 집중되어 있어 연료전지, 해양에너지, 바이오 및 지열 등 다른 신재생에너지의 존재감을 느낄 수 없다는 것은 아쉽다.

한편 2017년과 2018년을 비교해보면, 신재생에너지 발전량은 더 늘었음에도 총발전량에서 차지하는 비율이 약간 줄어들었다는 점을 알 수 있다. 결국 '공급전환/에너지생산'만으로는 에너지전환이 어렵고, 총 에너지수요를 줄이는 에너지소비/이용효율화 정책 등을 함께 추진해야 한다는 점을 확인할 수 있다.

에너지 전환의 원칙에 따른 정성적 평가

1) 지역분산

에너지전환의 원칙에서 '지역분산'은 그동안 개발주의 시대에 형성된 대규모 중앙집중형에너지시스템이 아닌, 소규모 지역분산형의 에너지시스템으로 전환하는지에 대한 물음이다. 또한 에너지전환에 필요한 에너지원/기술/자본 등이 외부의존인지, 아니면 지역에서 자립할 수 있는지에 대한 질문을 한다.

현재 제주도에서 추진되고 있는 신재생에너지 사업은 상업용 대규모 육·해상풍력 및 태양광발전이 중심을 이루며, 기존 국가공기업(한국전력공사)이 건설·운영하고 있는 송배전 계통에 연계하여 전력판매를 목적으로 한다. 특히 지금도 간혹 발생하고 있지만, 앞으로는 제주도내 전력계통이 감당할 수 있는 규모보다 더 많은 신재생에너지전력이 생산될 것으로 예측되기 때문에 도내 소비량을 초과하는 잉여전력에 대해 육지로 역송하기 위한 제3해저연계선로(HVDC #3) 건설을 추진하고 있고, 기존 1, 2 해저연계선로의 역송방법도 검토하고 있다.

더욱이 최근에는 기존 도내 화력발전소의 연료(중유, 경유)보다 발전원가가 저렴한 대규모 천연가스(LNG) 화력발전소가 건설되고 있다. 한국전력의 발전자회사인 한국중부발전은 제주화력발전소(제주시 삼양동)에 240㎿ 규모의 LNG복합 화력발전소를 신규 준공하였고, 한국남부발전도 남제주화력발전소(서귀포시 안덕면 화순리)에 현재 140㎿의 LNG발전소를 신규 건설하고 있다. 또 기존 화력발전소의 연료도 바이오중유(중부발전 제주화력발전소)와 천연가스(남부발전 한림화력발전소)로 전환하고 있다.

한편 육지에서부터 전력을 공급받는 해저 연계선로 수전량이 2009년 1,015.5GWh로 도내 전체 발전량의 약 27.6%를 차지했지만, 10년 뒤인 2019년에는 2,272GWh로 40%를 차지하여[39] 점점 외부로의 의존도는 더 높아져만 갔다.

2) 거버넌스

2008년부터 최근까지 제주도가 발표한 신재생에너지 정책은 대부분 도청 내부에서 관계 기관 및 전문가들만이 참여하여 작성하였다. 물론 에너지기본조례에 따라, 에너지 관련 도내 기관장, 대학교수 및 전문가, 사회단체의 임직원 등으로 구성된 에너지위원회를 운영하고 있고, 작성된 초안에 대한 의견을 수렴하는 도민공청회를 개최한 적은 있었지만, 상시적인 정보공유 및 의견수렴 절차가 없고, 얼마나 해당 의견이 반영되었는지에 대한 환류도 없었다. 따라서 '거버넌스' 항목에 대한 물음을 지난 10여 년간의 제주도 신재생에너지정책에 던져보면 긍정적인 답변을 얻을 수 없다.

이러한 이유로 인해 시민사회에서는 에너지정책에 대한 정보공개와 의견수렴을 지속적으로 제기하였다. 그러던 중 2019년 6월, 우리나라 최상위 에너지관련 행정계획인 '제3차 에너지기본계획'이 확정되었고, 5대 전략 중 하나로 '소통·참여·분권형 거버넌스 구축'항목에 "[정책과정 참여] 에너지 정책 수립과정과 관련 사업 시행과정에서 에너지 수요·공급자로서의 국민 참여 확대"와 "주민이 (지역에너지) 계획수립 과정에 적극적 참여하고 중앙정부는 계획수립 지원"이라는 내용이 포함되었다.

이렇게 시민참여 방식으로 수립하라는 상위 계획 및 가이드라인[40]에 따라, 제주도가 제주에너지공사에 의뢰하여 추진한 '제주특별자치도 제6차 지역에너지계획'[41]은 과거와는 달리 에너지 관련 계획으로는 도내에서 처음으로 시민참여 방식을 도입하였다.

구체적으로 시민참여자문위원회 구성, 시민연구단 모집 및 운영, 양 행정시에서의 도민공청회 개최 등 3단계로 운영하였다. 그중 시민연구단은 2019년 7월, 에너지 전문가들을 일부러 배제시킨 채 일반 도민 18명을 공모하여 구성한 후 12월까지 총 10차례의 워크숍을 진행하였다. 이들에게 그동안의 에너지 관련 계획 및 보고서 등을 배부한 뒤, 안정적 에너지공급대책/신재생에너지/에너지이용효율화/법·제도개선 등 다양한 분야의 논의 주제에 대해 퍼실리테이터 및 서기를 배치한 원탁회의 방식으로 진행하였다. 매 워크숍마다 이들이 도출한 각 분야별 중점사업들을 바탕으로 더 많은 도민들의 의견을 듣기 위해, 양 행정시에서 2차례의 도민공청회도 개최하였다. [42]

제주도는 이러한 시민참여 활동을 기반으로 2020년부터는 '도민참여 에너지 거버넌스' 운영을 준비하고 있다. [43] 다양한 도민들로부터 의견 수렴과 자문을 위한 협력적 거버넌스 체계를 구축하기 위해 전문가 및 사업자뿐 아니라, 100여 명의 일반 도민들로 구성된 논의그룹을 운영할 예정이다. [44]

3) 에너지시민성

에너지시민성의 주체는 시민이므로, 정부와 지방자치단체의 에너지정책을 평가하는 물음들을 그대로 적용할 수는 없지만, 에너지시민성을 고양시키고 협력·지원하는 내용에 대해서는 평가해볼 수 있다. [45]

먼저 시민들이 에너지 생산에 적극적으로 참여하도록 지원하는 사업으로 전국적으로 추진되는 한국에너지공단의 '태양광발전 보급지원사업' 이외에, 제주도는 2017년부터 풍력자원공유화기금을 통해 '주택태양광발전보급사업'을 진행하고 있다. 2017년부터 2018년까지 2년 동안 주택 311개소(955.2kW), 베란다 미니태양광 128개소(48.5kW), 공동주택 7개소(213kW)를 설치했고, 2019년에는 8

월 말 기준으로 일반 단독 주택 130가구, 미니태양광 121개소, 공동주택 3개소 설치를 완료했다.[46]

제주도는 풍력발전에 대해서도 마을주민들이 직접 운영하는 사업에 대해 허가를 해주고 있다. '신재생에너지 특성화마을 지정·지원사업'은 풍력발전지구로 지정된 인근마을(지구가 속하는 지번에 있는 마을)의 주민수용성 증진을 위한 지원대책으로 3MW 이하 1기의 풍력발전사업을 허가해주는 제도이다. 2013년 구좌읍 행원마을풍력(2MW)을 시작으로 월정마을풍력(3MW, 2015년), 동복마을풍력(2MW, 2017년)이 완공되었고, 2019년 10월 현재 북촌서모마을풍력(3MW)이 착공을 준비하고 있다.[47]

위와 같이 보조금 지원이나 발전사업허가 이외에 에너지협동조합에 대한 지원도 2018년부터 시작하였다. 이미 제주 이외 지역에서는 100여 개가 넘는 에너지협동조합이 시민들을 조합원으로 가입시켜 태양광발전사업 등을 추진하고 있었는데,[48] '재생에너지 3020계획'(2017년 12월)에 근거하여 100kW 미만의 태양광발전사업에 대한 고정가격매입제도가 시행됨에 따라, 제주에너지공사는 자체적으로 '주민참여형 태양광발전 시범사업'을 추진했다.[49] 에너지 전환에 사회적경제 방식을 도입하여 주민 참여를 유도하고, 재생에너지 투자활성화 및 개발이익 주민공유를 확산시킬 수 있는 새로운 방법이 될 수 있기 때문이다.

2018년 3월 제주에너지공사는 1개 사회적경제조직의 100kW급 태양광발전 1개소 설계비 지원을 위해 제주사회적경제지원센터와 업무협약을 맺었다. 그해 8월 설립된 '제주도민에너지전환협동조합'(이사장 현승철)이 대상으로 선정되어, 컨설팅지원을 받았다. 해당 조합은 조합원 20여 명이 자본금 1,000만 원을 모아 시민참여를 통한 에너지전환을 확산시키기 위해 창립하였고, 현재 유일한 제주도내 에너지협동조합이다. 시민교양강좌 개최, 조합원 모집홍보, 제주형 예비사회적기업 등록까지 했지만, 2019년 12월 말 현재까지 태양광사업 부지를 발굴하지 못해 아직까지 발전사업을 운영하고 있지 않다.

4) 환경영향

재생가능에너지는 화석연료에 비해 온실가스와 대기오염물질 배출이 없고, 원자력발전에 비해 방사능오염 위험이 없다. 그래서 회색이 아닌 '녹색'으로 비춰지고 있지만 대규모로 개발할 경우, 불가피한 환경영향이 발생할 수 있다.

제주도에 많이 설치된 풍력발전과 태양광발전의 경우도 마찬가지다. 풍력발전은 그 크기로 인한 경관영향, 발전기 회전자에 의한 소음발생, 바다에 설치할 경우 해양환경 및 생태계에 영향을 줄 수 있으며, 이로 인해 인접 주민과 환경단체들은 설치 반대 또는 환경성을 고려한 입지선정 등의 주장을 펼쳤다. 태양광발전도 최근 급격히 증가하고 있음에 따라 경관피해 논란이 있고, 중산간 지역 대규모 설치에 따른 빗물불투수와 하류 지역 재해발생 증가 위험 등의 문제를 지적하고 있다.

이러한 문제를 해결하기 위해 일정 규모 이상의 전원개발사업에 대해서는 환경영향평가(50MW 이상 규모)와 소규모환경영향평가(보전관리지역과 자연환경보전지역은 개발면적 5,000제곱미터 이상 규모)를 적용하고 있고, 특히 제주도는 풍력발전지구 지정 시 환경과 경관 기준을 규정하여 심의를 위한 자료를 요구하고 있다.[50]

5) 단위연계

지역 에너지전환은 특정한 지역만 홀로 할 수 있는 것은 아니며, 다양한 지역에서 벌어지고 있는 우수한 사례들과 교류하면서 각자 지역에 적합한 방법을 만들어나가는 과정이다.

기본적으로 제주도의 신재생에너지 정책은 지구적 맥락의 기후변화 대응과, 문재인 정부가 추진하고 있는 에너지전환 정책에 부합한다고 볼 수 있다. 최근에 수립하고 있는 '제주특별자치도 제6차 지역에너지계획'도 상위계획인 '제3차 에너지기본계획'이 확정됨에 따라 그에 발맞춰 새롭게 추진하고 있다. 더욱이 제주도의 신재생에너지 정책은 오랫동안 추진되어 온 만큼 다양한 우수 사례가 존재하고 있으며 타 지역에서 모방을 할 정도다.

우선 제주도는 2007년과 2011년 제주특별자치도 특별법 개정을 통해 중앙정부 장관의 권한 중에서 육·해상 풍력발전사업 허가권을 이양받아 지역적 특성을 반영한 허가기준을 마련해 운영하고 있다. 2012년에는 전국 최초의 지방에너지공기업인 '제주에너지공사'를 출범시켰고, 2017년부터는 풍력발전사업자들로부터 개발이익의 일부를 기부받아 조성한 '풍력자원 공유화기금'을 운용하고 있다. 이러한 사례들은 서울시의 서울에너지공사(2016년), 전남 신안군의 '신·재생에너지 개발이익 공유 등에 관한 조례'(2018.10.05. 제정), 전북 군산의 (주)군산시민발전 등 다른 지역에서 참고하여 해당 지역의 에너지정책에 반영되고 있다. 또 '재생에너지 3020 이행계획'에 포함된 '계획입지제도'는 2011년부터 운영 중인 제주도의 '풍력발전지구 지정제도'가 기본 모형이다.

한편 지자체 및 지역에너지공사가 국내·외 다른 지역과 네트워크를 구축하고는 있으나, 지속적인 교류는 미흡하다. 2015년 11월 24일, 제주도는 서울시·경기도·충청남도와 '지역에너지 전환 공동선언'을 통해, 지역 에너지 정책의 중요성을 인식하고 4개 시·도가 협력해 깨끗하고 안전한 에너지를 낭비 없이 지혜롭게 쓰기 위해 공동 노력을 기울이기로 합의했다.[51] 또 2017년 11월 29일, 제주에너지공사는 서울에너지공사와 '신재생에너지 공동사업 개발을 위한 상생협력 양해각서'를 체결했다. [52] 그렇지만 현재까지 두 가지 사업에 대한 공동의 후속조치는 미미한 실정이다.

6) 제도적 기반

① 에너지 정책목표를 설정하고, 관리하고 있는가?

먼저 에너지정책 목표의 경우 매년 에너지 관련 부서의 정책방향을 수립하면서 설정하고 있으며, 매년 하반기에 열리는 도의회 행정사무감사 등을 통해 목표이행 내용을 점검받고 있다.

최근 3년간 제주도 에너지정책 방향 및 주요과제

연도	정책방향	주요과제	비고
	안정적 에너지공급 및 제주형 창조산업 육성	① 에너지 복지기반 마련 및 안정적 공급 ③ 스마트그리드 확산을 통한 에너지신산업 활성화	미래 산업과
2017	전기차 1만시대 전기차 선도도시 성공모델 구현	① 전기차 보급 안정 정착 및 인프라 최적화 ② 수요자 중심의 전기차 이용편의 환경 조성 ③ 전기차 연관산업 육성 및 글로벌 플랫폼 구축 ④ 전기차 긍정적 인식 확산 및 이용문화 선도	전기 자동차과
2018	탄소 없는 섬 구현을 위한 성장동력강화	■ 제주CFI 2030 실행력 기반 구축 ■ 친환경 에너지 수급기반 안정화 ■ 에너지 자립을 위한 에너지 신산업 유성 ■ 전기차 특구 시범도시 선도적 육성 ■ 수요자 중심의 전기차 인프라 최적화 및 전기차 보급확대	탄소없는 제주 정책과

연도	정책방향	주요과제	비고
2019	탄소 없는 섬 구현을 위한 성장동력강화	▪ 카본프리 아일랜드 제주 실행력 기반 구축 ▪ 친환경에너지 수급기반 구축 및 에너지 자립도 제고 ▪ 에너지 자립을 위한 신재생에너지 보급 확산 ▪ 전기차 인프라 최적화 및 연관산업 육성 ▪ 전기차 보급확대 및 수요자 중심의 이용문화 선도	저탄소 정책과

② 장기비전 및 가치지향이 있는가?

제주도는 2030년을 목표로 모든 전력을 재생가능에너지로 공급하고, 내연기관차량 대신 전기·수소차로 전환하는 '카본프리 아일랜드 2030'계획이라는 장기비전을 수립하고 추진하고 있다. 특히 '청정', '성장', '안정'을 핵심가치로 하여 4가지 정책목표와 5가지 정책과제를 제시하고 있다.

③ 에너지 관련 조례 및 규칙, 고시 등은 얼마나 존재하고 활용되는가?

제주도 에너지정책부서(저탄소정책과)에서 담당하고 있는 에너지 관련 조례는 8개가 있는데, 이 중 가스[53])와 전기자동차[54]) 등 신재생에너지 분야와 직접적으로 관련이 없는 것을 제외하고 5개의 조례가 있다. [55]) 특히 '에너지 기본조례'와 '발전소 주변지역 지원사업

o 비전 Vision "**Carbon Free Island JEJU**"

핵심가치 Core Values

청정

성장

안정

2030 정책목표 Policy Goals

1:: 도내 전력수요 100%에 대응하는 신재생에너지 설비 도입

2:: 37.7만대의 친환경 전기차 보급

3:: 최종에너지 원단위 0.071 TOE/백만원 실현

4:: 에너지 융복합 신산업 선도

정책과제 Policy Tasks

1:: 신재생에너지 기반 청정하고 안정적인 에너지시스템 실현

2:: 전기차와 충전기 확대로 청정 수송 시스템 달성

3:: 에너지수요관리 고도화로 고효율 저소비 사회 구현

4:: 4차 산업혁명과 연계한 에너지신산업 혁신성장 동력 확보

5:: 도민참여 에너지 거버넌스 구축

운영 및 관리 조례'처럼 다른 시도에도 있는 일반적인 조례 이외에, '제주에너지공사 설립 및 운영 조례', '풍력발전사업 허가 및 지구 지정 등에 관한 조례', '풍력자원 공유화기금 조례' 등은 제주도특별법 등을 근거로 하여 제주도에서만 제정된 독특한 자치법규라고 할 수 있다.

고시는 풍력발전사업 허가 및 지구지정 등에 관한 조례와 관련하여, 세규 적용기준 고시가 기본적인 규범으로 작용하고 있으며, 풍력발전지구를 지정하거나 전기사업허가를 할 때 개발사업시행

승인 고시를 통해 확정한다.

④ 해당 지자체의 에너지 예산 비율은 얼마인가?

제주특별자치도의 2018년도 회계 결산규모는 일반회계와 특별회계(19개 특별회계를 포함하며, 24개 기금회계는 제외)를 모두 합하여 세입은 6조 649억 원이고, 세출은 5조 2,366억 원이며, 잉여금은 8,283억 원이다.[56] 이 중 일반회계 총세출액 4조 3,933억 원 중 에너지정책부서인 저탄소정책과의 '전략사업추진'지출액은 1,602억 5천4백만 원으로 전체 일반회계 지출액의 약 3.64%를 차지하고 있다.

한편 일반·특별회계를 제외하고 제주도에는 총 24개의 기금회계가 있고, 2018년 말 기금 조성액은 1조 1,248억원으로, 2018년 한해 동안 3,209억 원을 조성하고 2,235억 원을 사용해, 2017년도 말대비 974억 원 증가한 상태다. 특히 타 시도와 다른 '제주의 특성이드러나는 기금'으로 풍력자원공유화기금과 지하수보전관리기금을 꼽을 수 있는데, 2018년 기금 총사용액 2,235억 원 중 재생에너지개발 및 보급 사업에 쓰이는 풍력자원공유화기금을 39억 원 사용해서, 전체 기금 사용액의 약 1.74%를 차지했다.[57] 지하수 보전·관리 및 조사연구사업에 쓰이는 지하수보전관리기금이 14억 원을 지출한 데 비해 약 2.8배 더 많이 사용하였다.

풍력자원공유화기금은 2016년 제정된 '제주특별자치도 풍력자원 공유화기금 조례'에 따라 공공자원인 풍력자원에 따른 개발이익을 지역 에너지자립과 에너지복지 사업 활성화 등에 기여하기 위해 2017년 설치되었다. 제주에너지공사의 배당금과 민간 풍력발전사업자의 기부금 및 제주도가 소유한 재생에너지 시설의 전력판매 수익금을 주요 재원으로 하고 있는데, 개발이익공유화협약에 따라 2017년에는 제주에너지공사(동복·북촌 풍력), SK D&D(가시리풍력), 탐라해상풍력 등에서 19억 원을, 2018년에는 앞의 발전사업자에 더해 한국중부발전(상명풍력)까지 추가하여 16억 3천 6백만 원을 납부하였다. 2017년에는 태양광보급사업 등에 23억 9천만 원을, 2018년에는 취약계층에너지 지원사업과 도 소유 풍력발전기 운영관리 등에 38억 7천만 원을 사용하였으며, 2018년 말 조성액은 약 29억 4천 8백만 원이다.[58]

위에서 살펴본 것처럼, 제주특별자치도의 에너지예산을 다른 시도와 비교하지 못한 한계가 있지만, 다른 세출액에 비해서 적다고 할 수 없는 규모라고 볼 수 있다. 특히 전국에서 특이하게 재생가능에너지 개발이익을 기부받아 사용하고 있는 '풍력자원 공유화기금'은 매우 우수한 사례라고 할 수 있다.

하지만 에너지전환을 위한 제도적 기반 중 예산 항목은 공공분야 지출보다 민간기업의 신재생에너지 투자비(건설비 및 유지보수비)가 더 많을 수 있다. 그렇지만 매년 민간기업의 구체적인 투자금액을 확인하는 것은 어렵기 때문에 적절한 방법을 개발할 필요가 있다. 이 점에서 제주에너지공사의 예산규모를 참고자료로 제시한다.

2019년도 제주에너지공사의 수입은 약 405억 원으로 그중 전력 판매수익이 263억 원으로 65%를 차지하고 있으며, 제주도가 제주 에너지공사에 맡기는 대행사업비가 약 113억 원으로 28%를 차지 하고 있다. 지출부분에서 영입비용이 약 116억 원으로 28.6%을 차 지하고 있으며, 영업외비용은 약 32억 원으로 8%를 차지한다. 대 행사업비는 수수료 수익을 제외하고는 전부 사업비용으로 지출되 고, 제주도 예산에 이미 포함되어 있는 항목이어서 중복계산이 될 수 있으므로 제주도 지역 전체의 신재생에너지 사업비 규모에서는 제외해야 한다.

⑤ 에너지 전담조직(지자체 직속 및 산하기관 포함)의 구성은 어떻게 되는가?

제주도 에너지 전담조직은 지자체 내부에서는 제주특별자치도 미래전략국 저탄소정책과가 있으며, 양 행정시에는 경제일자리과 에 에너지관리팀이 있다. 저탄소정책과는 정원 25명으로 CFI총괄, 에너지정책, 신재생에너지, 전기차산업, 전기차지원 등 5개의 팀 으로 구성되어 있으며, 주요기능은 카본프리 아일랜드 2030 실행 계획 수립 및 시행, 지역에너지 종합계획 수립 및 스마트그리드 인프라 확산, 신재생에너지 산업 육성에 관한 사항, 풍력 및 태양광 발전 사업 개발 및 보급, 전기자동차 산업육성 및 제도적 기반 마련, 전기자동차 보급 및 충전인프라 확충 등이다.[59]

제주도는 산하기관으로 지방공기업인 제주에너지공사를 두고 있으며, 신재생에너지 개발 및 보급을 주요 업무로 하고 있다. 2019년 말 현재 정원 57명으로 1본부·2처·1센터·6부를 두고 있다.[60]

7) 기타

제주도 신재생에너지 정책과 관련한 특이한 선도 사례는 앞서 언급한 바와 같이 제주특별자치도 특별법을 통한 육·해상 풍력발전사업 허가권한의 도지사 이양, 전국 최초의 지방에너지공기업인 '제주에너지공사'의 설립 및 운영, 풍력자원 개발이익을 기부받아 운영 중인 '풍력자원공유화기금' 이외에도, 전국 최초의 국산화 풍력발전단지 개발 및 운영(2012년, 표선면 가시리), 전국 최초의 상업용 해상풍력발전 준공(2017년, 탐라해상풍력), 육·해상 풍력발전 실증연구단지(구좌읍 김녕리) 구축 및 운영 등 매우 많다. 그러나 타 지역에서도 에너지전환을 위해 많은 노력을 하고 있으며, 해상풍력발전 부분에서는 오히려 제주를 앞서나가고 있는 부분도 보이고 있어서, 제주도의 지속적인 신재생에너지 정책 강화가 필요하다.

한편 에너지전환에 대한 교육홍보의 경우에는 제주도가 2010년 행원풍력발전단지에 건립한 '신재생에너지홍보관'이 있고, 2012년 제주에너지공사를 설립하면서 현물출자해 운영하고 있다. 초·중학생 및 도민과 관광객들을 대상으로 신재생에너지의 중요성을 홍보하고 있지만, 시설이 노후화되었고, 다양한 교육프로그램이 많지 않아 연간 3만 명 내외에 이르던 방문객은 매년 감소하고 있다. 따라서 '에너지전환'에 초점을 맞추고 전시물품 변경 및 교육프로그램 개발 다변화 등을 통해 보다 교육·홍보를 충실히 할 수 있도록 노력해야 한다.

8) 정성적 평가결과 종합

위에서 살펴본 7가지 정성적 평가를 종합해보면 다음과 같다. 첫째, 제주도내 신재생에너지는 '지역분산'보다는 이미 형성된 중앙집중형 에너지시스템에 연계되어가고 있고, 도내 전체 전력계통도 그러한 현상이 심화되고 있다. 따라서 '마이크로 그리드' 등 재생가능에너지원의 지역분산적 특성을 잘 살릴 수 있도록 기존 가파도 시범모델의 한계를 극복하는 새로운 기술개발도 필요하다.

둘째, 기술과 자본 중심이라고 비판받을 정도로 제주도 신재생에너지 정책에서 거버넌스는 그동안 매우 미흡했지만, 최근에서야 비로소 시민참여형 정책수립 등을 시도하고 있으므로 앞으로의 활성화 여부를 계속 지켜봐야 한다.

셋째, 시민의 에너지전환과 관련된 내용도 태양광발전 설치 시 보조금 지원은 활발히 진행되고 있다. 그러나 에너지협동조합 지원사업은 부지발굴·재원조달 등에 있어서 아직은 미흡한 상황이므로 공유지 임대료 감면 및 이차보전을 위한 조례 개정 등 적극적인 제도개선을 통해 지원대책을 마련할 필요가 있다.

넷째, 신재생에너지 개발보급을 위한 사전환경영향검토 절차가 있으며, 사업종료 이후에도 원상복구를 통한 원형회복이 불가능하지는 않기 때문에 근대적 에너지 생산에 있어서 기존의 화석연료와 원자력에 비해서는 보다 환경친화적이라고 할 수 있다. 그럼에도 시민들이 생각하고 있는 환경적 우려사항에 대해 제도적으로 보완하거나 충분한 설명을 해야 한다.

다섯째, 제주도 신재생에너지 정책의 우수 사례는 타 지역에서 많이 모방하고 있고, 네트워크도 구축하고 있다. 그러나 지속적 교류 등 후속조치는 미미하므로 향후 공동선언 및 협약에 대한 이행여부 점검, (가칭) 지역에너지전담기관협의회 구성, 대중앙 협력 등 단위연계 노력을 보다 더 강화해야 한다.

여섯째, 매년 정책목표를 설정하여 관리하고 있고, 카본프리 아일랜드 2030이라는 장기비전과 가치지향이 존재한다. 타 지역에도 있는 일반적 조례 이외에 제주도 특성을 반영한 조례도 많고, 풍력자원 공유화기금이라는 독특한 예산도 있으며, 도청 저탄소정책과와 제주에너지공사라는 전담조직도 운영되는 등 제도적 기반은 잘 마련되어 있다. 따라서 최근에 발생하고 있는 에너지전환의 장벽을 넘어서기 위해 이러한 제도적 기반들이 서로 유기적으로 연계되어 운영될 수 있도록 보다 노력해야 한다.

일곱째, 제주도 신재생에너지의 오래된 역사에 비춰볼 때 특이한 선도 사례가 많지만, 울산시 해상풍력 등 타 지자체에서 보다 앞서가는 사례가 나타나고 있으므로 뒤처지지 않도록 해야 하며, 에너지전환에 대한 교육·홍보는 시기와 대상에 맞는 방식으로 보다 세분화되어야 한다.

5. 결론

제주특별자치도는 신재생에너지 개발·보급 등을 주요 목표로 설정한 '카본프리 아일랜드'라는 지역 에너지전환 정책을 2008년부터 추진하고 있다. 위에서 살펴보았듯이 제주도의 신재생에너지 정책보급목표는 매번 새로운 계획이 발표될수록 목표연도가 앞당겨지거나(2050년→2030년), 전환목표가 상향되거나(50%→100%), 새로운 기술(ESS, 연료전지)이 추가되거나, 개별 보급목표가 더 늘어나는

(태양광발전 300MW→1411MW) 등 더 과감해지고 있다.

그런데 실제 보급상황은 목표설정에 비해 점진적이었고, 풍력발전이 주춤한 사이 태양광발전은 보다 빠르게 증가하고 있었다. 기술발전과 더불어 에너지전환이라는 세계적 추세를 선도하려는 지방자치단체의 의지가 결합된 목표라고도 볼 수 있지만, 기존·직전에 발표한 정책들을 꼼꼼히 평가하고 부족한 점을 면밀히 보완하는 방향으로 신규 계획을 발표했다고 보기에는 너무 과다한 보급목표를 세운 것은 아닌지 의문이 들기도 한다.[61]

특히 최근에는 전력계통 한계용량의 문제로 인해 풍력발전에 대한 출력제한 상황도 자주 발생하고 있다. 계획된 보급목표를 모두 설치하여도 실제 생산을 통한 전력판매로 이어지기 위해서는 전력계통망 보강과 함께 도내 전력소비량을 초과하는 잉여전력에 대한 육지로의 역송 또는 에너지저장장치(ESS)의 활용과 수전해 그린수소(P2G : Power to Gas)로의 생산, 마이크로 그리드(Micro Grid) 등 다양한 기술적 대안을 마련해야 한다. 물론 개발과 공급을 우선해왔던 정책도 수요관리에 중점을 두는 방향으로 변해야 하고, 전력시장 제도개편도 필요하다.

한편 에너지전환의 원칙에 따른 물음에 비춰봤을 때, 지역분산형이라기보다는 아직은 중앙집중형 전력계통 시스템에 연계되어 가는 추세를 보이고 있으며, 거버넌스와 에너지시민성은 '카본프리 아일랜드'라는 표현이 나온 지 10년이 지난 이제야 조금씩 구성을 시작하는 단계라고 볼 수 있다. 환경영향은 일반적으로 신재생에너지가 화석연료에 비해 매우 적기는 하지만, 대규모로 개발하는 경우에 대한 우려가 많아 이를 보완하기 위한 제도적 장치를 마련해나가고 있었다. 단위연계의 시도는 있었지만 지속적인 교류활동은 찾기 힘들었고, 그나마 제도적 기반은 기본적인 사항을 갖추고 있었으며, 바람의 섬이라는 역사적 배경과 특별자치도라는 실험적 제도를 통해 풍력발전 부분에 대해서는 상당히 선도적인 사례를 보여주고 있었다. 이에 비해 홍보실적이 부족한 것은 아쉬운 측면이다. 이처럼 각각의 평가지표에 따른 이행상황들의 수준이 서로 다른 이유는 정책을 수립할 시점에서부터 이 연구에서 제시한 분석틀을 기반으로 하지 않았을 뿐 아니라, 상대적으로 계량적 보급목표보다 다른 지표들을 덜 중요하게 여겼기 때문이다. 따라서 앞으로는 시민과 함께할 수 있도록 거버넌스를 형성하고 교육·홍보를 지속해야 하며, 규정·조직·예산 등 제도적 기반과 다른 지역 및 중앙정부와의 협력을 보다 강화해야 한다.

이상으로 기존의 관련 연구를 종합하여 제주도의 신재생에너지 정책을 평가해보는 분석틀을 구성해보았고, 그에 비춰 현 상황을 평가해보았다. 구체적인 항목에 따른 미흡한 점을 찾아볼 수는 있었지만, 에너지 전환의 '과정'을 평가하기에는 조금은 부족한 틀이라고 할 수 있다. 따라서 각각의 항목들에 대한 상호연계와 사회변화에 대한 여러 이론들을 종합하여 보다 나은 분석틀과 평가지표의 개발은 에너지전환을 위한 향후의 과제로 남겨둔다.

따져보면 길게는 10여 년 전부터, 짧게는 불과 수 개월 전에 발표한 계획들의 목표연도는 발표시점을 기준으로 10년에서 20년 후의 미래였다. 십수 년의 시간이 흐른 시점에서 그 정책을 발표했던 최고정책결정자는 물론이고 중간관리자들까지 이미 공직을 그만두었을 시점인 먼 훗날이다. "아직 오지 않은(未來)" 것을 예측하고 계획하는 것은 어려운 일임은 분명하다. 그럼에도 새로운 계획을 발표할 때마다 변화되는 상황여건에 맞춰 목표를 조정한 측면은 능동적인 정책대응이라고 평가할 수 있다.

결국 2030년을 기준으로 목표연도까지는 이제 절반밖에 남지 않았고, 그 시간 동안 원래 세웠던 계획의 대부분을 이행해야 목표를 달성할 수 있다는 점은 변하지 않았다. 따라서 이 글에서 구성한 분석틀과 그에 대한 결과를 앞으로의 정책추진 과정에 밀접하게 반영시킬 수 있다면, 남은 시간은 지나온 시간보다 수월하게 정책목표를 달성할 수 있는 시기가 될 것이다.

《탐라문화》, 제63호, 제주대학교탐라문화연구원, 2020년 2월.

닫는 글

**녹색 개발주의, 참여 개발주의, 기술 중심주의를 넘어
지속가능한 에너지체제로 전환하자**

추천사

**에너지 전환 백래시에 맞선 에너지 커먼즈의 실험과 도전
정의로운 에너지 전환을 위한 실천적 탐색**

녹색 개발주의, 참여 개발주의, 기술 중심주의를 넘어 지속가능한 에너지체제로 전환하자

재생에너지에서 대규모 개발의 관성: 녹색 개발주의

2008년 8·15 경축사에서 이명박 대통령은 새로운 국가발전 비전으로 '저탄소 녹색성장'을 주창했다. 이어 그린에너지산업전략을 발표하여 태양광을 제2의 반도체산업으로, 풍력을 제2의 조선업으로 육성하겠다고 했지만, 그 이후를 돌아보면 4대강 사업에 더 많은 관심을 가졌던 탓인지, 계획대로 시장과 산업이 육성되지는 않았다.

물론 당시보다 재생에너지 공급이 늘어났지만, 그에 비해 에너지사용량과 탄소배출량도 더 늘어났다. 에너지원의 전환만이 아니라, 수요관리와 고효율화가 함께 진행되지 않으면 에너지전환이

라고 보기 어렵다. [1)]

한편 각 지역별로 재생에너지 보급이 활성화되면서 기존의 실험적인 소규모가 아니라 규모의 경제를 통한 수익성 확보를 위해 대규모 개발이 이뤄지기 시작했고, 부지 확보를 대단위로 해야 하는 특성상 지가가 저렴한 산간오지의 생태계가 우수한 지역에 입지하게 되면서 환경훼손 논란도 벌어졌다. 이로 인해 풍력·태양광발전 반대운동도 전국 각 지역에서 벌어졌고, 중앙정부와 지자체에서는 인허가의 중단 및 규제방안을 수립하면서 지난 몇 년간 재생에너지 발전사업자들은 또 다른 어려움에 처하기도 했다.

에너지전환을 단순히 에너지원을 바꾸는 것에만 초점을 둔 채 규모와 입지의 문제, 그리고 주민수용성에 대한 고민이 부족했기 때문에 나타난 결과라고 볼 수 있다.

그런데 이른바 '주민수용성 문제'는 정부와 사업자 입장에서의 표현으로, "주민들이 반대하니까 사업추진을 못 한다."라는 뜻을 내포하기 때문에, 주민들을 '국책사업에 협조하지 않은 이기적 존재' 또는 '보상금을 노린 반대를 위한 반대' 등 부정적으로 바라보게 한다.

이러한 표현은 오래전부터 해당 지역에 거주하면서 그곳의 자연과 벗삼아 살아온 지역주민들을 타자화시키고, 그들의 내면에 대한 접근을 가로막는 것이므로 정당하다고 보기 어려우며, 민주주의의 관점도 부족하다고 볼 수 있다.

주민 참여는 단순히 개발사업에 대한 찬성(과 그 반대급부로서 금전적 이득)으로만 치환할 수 있는 것이 아니며, 해당 지역의 역사와 경제구조, 미래에 대한 각 주민들의 생각과 이해관계로 복잡하게 얽혀있는 상황을 파악하는 것에서부터 접근해야 할 것이다.

에너지개발에서 있어서 '녹색 개발주의'는 10년 전 제주도 상황을 분석한 결과인데, 현재는 그것이 보다 확대·심화되었다고 볼 수 있다.

> "녹색 개발주의는 성장과 공급지향, 대규모 중앙집중 및 사회적 불평등의 지속, 권위적이며 낮은 수준의 주민참여 등 기존 개발주의의 성격을 그대로 가지고 있으면서, 단지 그 내용 자체는 기존 사업과는 달리 환경친화적이어서 녹색을 띠는, 변화된 개발주의이다."
>
> (김동주, 2008).

제주도가 2012년 발표한 일종의 지역 에너지전환 정책인 '카본 프리 아일랜드 2030 by Jeju'(탄소 없는 섬, 제주)는 여전히 공급중심의 내용으로 이뤄져 있으며(신재생에너지 4,311MW 보급, 전기차 100% 전환), 환경영향 저감의 방법이나 시민참여를 증진시키는 내용이 전혀 포함되지 않았다.

최근에는 해상풍력발전 건설과 관련하여 국제적인 보호종인 '남방큰돌고래'(*Tursiops aduncus*)의 서식지에 영향을 주고 개체수가 감소할 수 있다는 해양환경단체의 우려가 점점 커지고 있다. 에너지원만을 비교해보자면 풍력발전은 핵·화석연료에 비해 녹색이긴 하지만, 지구상에 함께 살고 있는 인류와 같은 생명체로서 보호대상 해양동물의 생존과 번영에 직접적인 영향을 주는 게 확실하다면 대규모 해상풍력발전은 '녹색 개발주의'도 아닌 그냥 과거의 '개발주의'에 불과할지도 모른다.

　'규모의 경제'를 통한 사업단가의 절감을 목표로 점점 대규모화되는 재생에너지 개발은 기존 에너지체제의 관성을 그대로 이어가는 듯하고, 생산 부분만이 아니라 유통과 소비 분야에서도 영향을 주고 있다. 대규모 전력을 생산하더라도 이와 연결되는 전력계통망을 구성하지 않으면 소비지로 보낼 수 없으며 발전기 가동을 중단하게 된다.

　이미 제주도에서는 2015년부터 '풍력발전단지 출력제어'가 발생했고, 최근에는 태양광발전도 멈추고 있다. 기존 제주계통에 연결된 육지-제주 간 해저 HVDC(고압직류) 송전선로와 제주도내 화력발전소의 가동을 최소한으로 하더라도 재생가능에너지 보급이 확대됨에 따라 발전량도 늘어나서 제주도내 전력소비량보다 더 많이 생산되기 때문에 안정적 계통운영을 위해 어쩔 수 없이 발전기 가동을 중단하고 있다.

이 문제를 해결하기 위해서는 제주도내 전력소비량을 늘리든가, 또는 제주도 밖으로 전력을 보내는 방법이 있는데, 현재는 실시간 전력역송이 가능한 전압형의 형태로 세 번째 HVDC(고압직류) 해저 송전선로를 새롭게 건설하고 있다.

그런데 2000년대 후반 두 번째 해저 송전선로를 건설하는 과정에서 육지 쪽 연계점인 전남 해남에서 송전선로 건설 반대운동이 벌어졌고, 세 번째 선로의 연계점인 전남 완도에서도 반대운동이 벌어져 건설이 지연되기도 했다. 즉, 제주도 해상풍력발전 확대는 그와 연계된 대규모 송전선로 건설이 필요한 상황이고 다른 지역의 사회적 갈등을 불러일으키는 요인으로 작용하였다.

재생에너지의 주민참여(투자) 정책: 참여 개발주의

"사회 불평등을 완화하기 위해, 권위적이지 않으며 이해당사자들인 주민(찬성뿐만 아니라 반대)의 참여를 대폭 확대한 것은 '참여 개발주의'(Stake-holder developmentalism)라고 할 수 있다."

(김동주, 2008).

우리나라의 에너지체제는 박정희 정권에 의한 국가주도의 경제성장 과정을 거치며 원자력과 화석연료에 기반한 대규모·중앙집중, 공급중심, 권위적인 성격을 갖추고 확장되었다. 이로 인해 에너지 생산지와 소비지 사이의 불평등 문제가 확대·재생산되었기 때문에 에너지전환 정책에서는 국민참여 확대를 또 다른 주요 과제로 제시하였다.

2017년 12월 20일, 당시 문재인 정부가 발표한 '재생에너지 3020 이행계획'에서는 대규모 사업에 대한 주민참여와 관련하여, 사회적 경제기업(협동조합), 시민참여펀드 투자사업 등에 REC 가중치 부여 등 인센티브를 제공할 계획이라고 밝혔다. 특히 채권투자형, 펀드투자형 등 신규 모델에도 인센티브 제공 확대를 추진하기로 하고, 이를 위해 2018년 상반기까지 인센티브(REC 가중치 부여 등), 대상 설비규모, 주민 인정 범위 등에 대한 제도를 설계하기로 했다.

이미 한국에너지공단에서 시행하고 있는 내용을 보다 확대한 것이다. 공단은 주민참여형 신재생 발전사업 인센티브 부여 방안을 발표(2016년 12월 14일) 후 RPS제도 운영지침을 개정(2017년 1월 6일)하여 적용하고 있었다.

관련 규정을 살펴보면, 발전소로부터 반경 1km 이내에 소재하는 읍·면·동에 1년 이상 주민등록이 되어 있는 자로 5인 이상 참여해야 하고, 주민참여 신재생에너지 사업 인센티브 부여기준은 태양광 1MW, 풍력 3MW 이상으로, 자기자본의 10% 및 총사업비 2% 참여 시 REC 가중치 0.1%, 자기자본의 20% 및 총사업비 4% 참여 시 REC 가중치 0.2%를 추가로 발급해준다.

이어 2018년 6월 말 개정 고시된 RPS제도에서는 기존 시행하던 내용을 다시 수정하였다. 태양광발전소 설비용량 기준을 1,000kW 이상에서 500kW 이상으로 하향조정했고, 풍력발전의 참여주민 대상을 "어업권 등 관련법에 따른 피해보상 대상이 되는 주민, 어촌계 또는 조합 등 유관단체"로 확대시켰다. 또한 주민참여금액의 범위를 해당 사업의 주식뿐 아니라 채권과 펀드까지로 확대시켰다.

이에 따라 여러 지역에서 주민들이 투자에 참여하는 재생에너지 개발사업이 증가하였다. 그런데 이와 같이 정부가 발표한 '국민참여 확대'는 정책 수립과정에서의 참여보다는 에너지개발 사업의 투자자로서만 주민(국민)을 바라본 것이라고 할 수 있다. 에너지개발 현장의 인근 주민들을 반대운동이 아니라 사업투자자로 참여시켜 이익을 공유하고 개발사업을 보다 원활히 진행시키려는 의도가 있는 것이다.

물론 국민이 갖고 있는 여러 자산의 활용 방법 중에서 부동산 투자보다는 재생에너지 투자가 미래지향적이라고 볼 수 있지만, 사업이 대규모화될수록 그에 따른 투자비가 증가하기 때문에 과연 주민들이 그만큼의 부담능력이 되는지 따져봐야 한다. 수십억 원에서 수백억 원에 달하는 주민들의 투자금을 주민들의 기존 자산 (은행 예·적금 등)에서 마련하는 것이 아니라, 주민투자를 위한 별도의 금융상품을 통한 대출로 투자하는 경우도 많을 것이다.

더욱이 이런 사업이 많아질수록 정부 지원(저금리 및 추가 인센티브)을 더 얻기 위해 주민 명의를 활용한 금융대출이 활성화될 수도 있다. 또한 대규모 사업의 경우 사업비 조달을 위해 프로젝트 파이낸싱 금융기법을 활용하는데, 사업이 잘 추진되면 문제가 없겠지만 예상치 못한 이유로 인해 사고가 발생하여 예상수익이 적기에 들어오지 않는다면, 오히려 투자에 참여한 주민들은 기존의 농가부채에 더해 금융채무가 더 늘어날 수도 있는 위험성이 있다.

물론 현재 추진하는 사업들의 경우, SMP+REC를 묶어 장기 고정가격으로 계약하고, 사업자가 보증을 한다면서 절대 투자주민들이 손해보는 일은 없다고 하지만, 그렇다면 과연 이것을 '투자'라고 부를 수 있을까? 수익도 얻을 수 있지만, 손해도 볼 수 있는 게 '투자'다. 법적으로 원금보장을 할 수 있는 유일한 금융상품은 '예·적금'인데, 주식·채권·펀드에 돈을 넣으면서 예·적금처럼 홍보하는 것은 '불완전판매' 가능성도 있지 않은지 우려된다.

따라서 국민을 '투자자'로서만이 아니라 '에너지시민'으로 바라보기 위해서는 사업참여 기회뿐 아니라 정책참여(계획수립·집행·평가·환류) 기회도 확대해야 한다. 그럼 점에서 박근혜 정부 때 개악된 전

력수급기본계획의 공청회 관련 항목도 우선 변경이 필요하다.[2]

공청회를 개최하지 않을 수도 있다는 것은 그나마 형식적인 참여의 기회도 폐지하는 것이며, 문재인 정부 들어서 수립된 제8차 전력수급기본계획(2018년 12월) 수립과정에서도 방청권이 없으면 공청회장 입장도 불허하는 등 시민에 대한 정부의 태도는 아직 그 전과 크게 달라지 않은 듯하다.

최근 몇몇 지자체에서 주민참여형 지역에너지계획을 수립하는 사례가 늘어나고 있다(오용석·진상현, 2016). 그러나 새로운 기법의 도입, 에너지 권한·사무에 대한 지방자치단체의 한계, 에너지지식의 전문성, 시민참여의 수준과 기간 등 풀어나가야 할 과제들도 많이 존재하고 있다.

정부도 시민들을 기존처럼 단순히 정책의 동원대상으로 바라봐서는 안 될 것이다. 더는 공청회·설명회 개최와 설문조사를 수행한 것만으로 시민참여를 충족했다고는 할 수 없다. 시민들도 에너지가 삶의 토대이자 근본이라는 생각을 갖고, 참여의 적극성을 띨 수 있도록 해야 하며, 이를 위한 제도적 지원책도 보장할 수 있도록 함께 요구해야 한다.

자연의 한계(본질)에 대한 인위적 개입: 기술 중심주의

"기술지향주의는 신고전파(neo-classical school)의 경제적 합리주의(economic rationalism)를 토대로 발생한 명백히 과학적이고 합리적인 이론이며, 따라서 '경제적인 법칙과 상응하는 자연과학의 법칙'을 동원한 객관적 분석에 의해 환경 문제를 풀어나가고자 하는 '환경관리주의'의 능력과 효율성에 대한 철저한 신념을 고수한다." (pepper, 1984).

에너지체제 전환을 통해 궁극적으로 얻고자 하는 것은 에너지 그 자체가 아니라, 그러한 에너지가 제공하는 열, 빛, 동력 등의 에너지서비스를 통해 인간의 삶의 질을 쾌적하고 편리하게 만드는 것이다.

- **[내연기관]** 에너지를 함양한 물질 → 열에너지 → 운동에너지 → 이동
- **[핵/화력발전소]** 에너지를 함양한 물질 → 열에너지 → 운동에너지 → 전기에너지 → 빛·열·동력
- **[수력/풍력발전]** 에너지의 자연적 흐름 → 운동에너지 → 전기에너지 → 빛·열·동력
- **[태양광발전]** 빛 → 전기에너지 → 빛·열·동력

최근 에너지전환과 관련되어 자주 등장하는 용어는 대부분 에너지 관련 기술, 특히 전기에너지의 생산과 소비 등에 집중되고 있다.[3] 이에 비해 에너지협동조합, 에너지시민(성), 에너지민주주의 등에 대한 언급과 담론은 빈약하다.

자연에 존재하는 에너지원에서 우리가 사용하는 에너지서비스로 에너지를 변환하기 위해서는 기술의 필요성을 부정할 수는 없다. 다만, 기술은 홀로 존재할 수 없으며 사회적 맥락에서 함께 다루어야 한다. 특히 기술(개발)이 필요로 하게 된 사회적 원인을 파악하면, 해당 시점에서 존재하는 에너지체제의 구조적 문제를 파악할 수 있다.

'대체에너지'는 오일쇼크 이후 "석유를 대체하는 에너지"라는 뜻이며, 핵분열/융합에너지와 재생에너지를 개발하려는 요인으로 작용한다. '핵발전소 폭발사고와 방사능'은 핵무기가 아닌 '핵에너지의 평화적 이용권'에 대한 환상과 위험성을 알려주는 계기가 되어, 재생가능에너지를 개발하려는 요인으로 작용한다. '기후변화/위기'는 화석연료 소비를 통해 발생한 온실가스가 지구 대기의 평균온도를 상승시켜 각종 기후재난 등이 발생하고 그에 따라 비화석연료 에너지를 개발하려는 요인으로 작용한다.

자연에너지의 '산혈성'(= 자연의 한계/본질)은 24시간 사용하는 인간의 에너지사용 형태에 부합하지 않으므로, 에너지저장에 대한 연구개발로 이어진다. 전기에너지 이용의 100년 역사 속에서 처음으로 대량의 전기를 저장·이용(충·방전)하는 실행 사례들이 등장하고 있고, 이와 관련된 다양한 비즈니스 모델 개발로 이어지고 있으며, 기존 대규모 중앙집중형 공급지향적 전력체제의 변화를 추동하는 흐름이 나타나고 있다.

그런데 과연 기술이 선도하는 사회변화(에너지체제 변화)가 시민과 환경(사회와 자연)에 어떤 영향을 줄 것인지에 대한 고민의 깊이가 충분한지 궁금하다. 현존 에너지체제의 형성과 확장에도 기술은 매우 중요한 구성요소의 하나였으며, 이 체제를 공고히 하려는 다른 관성들과 결합되어 있다. 기술은 가치중립적이지 않다. 핵/화력발전 기술이 그렇듯이 재생에너지 관련 기술도 어떤 가치와 결합하느냐에 따라 국가·시장 지향적인지, 시민지향적인지 나눌 수 있을 것이다.

특히 새로운 기술을 일상적·보편적으로 사용할 수 있을 정도로 만들기 위해서는 연구개발 과정이 반드시 필요하다. '적정기술'이 아니고서는 많은 시간과 비용이 필요한 기술개발을 시민들끼리만 하기는 처음부터 불가능하므로 국가와 시장의 개입을 수반할 수밖에 없다. 마치 핵분열/핵융합 에너지의 연구개발과 상업용 원자력 발전소의 건설·운영이 국가의 지원과 보증 없이는 원천적으로 불가능한 것처럼, 재생가능에너지와 관련해서도 부유식 해상풍력,

P2G, xEV, Super-grid 등이 그러한 기술이다.

여기에 더해 이러한 새로운 기술을 구현하기 위해 필요한 물리적 자원들에 대한 문제도 화석연료의 고갈 문제만큼이나 중요한 관심사항이다. 특히 대부분 희토류 등이므로 채굴과정에서, 그리고 짧게는 몇 년에서 길게는 수십 년간 사용한 후 결국은 버려지는 '산업폐기물'이 되면서 발생하는 환경문제들은 별반 다르지 않다.

최근의 태양광발전과 전기차 배터리는 대규모 생산을 통한 단가하락을 추구하면서 보급을 보편화하고 있지만, 이럴수록 "대량채취-대량생산-대량소비-대량폐기"라는 산업 자본주의적 폐기물 문제의 구조는 그대로 이전되어 반복되고 있다.

에너지전환에서 '전기차'는 단순한 이동수단이 아니며, 정보화사회에서 새로운 '디바이스'의 하나로 간주되고 있다. 그러나 도로와 주차장의 증가로 인한 공간활용도 저하의 문제, 대중교통 활성화와 반비례적 관계, 자동차 행정 및 그에 따른 사법행정의 비용문제, 도로에서 잃어버리는 값비싼 생산시간의 문제 등은 자동차의 절대적 숫자를 감소시키지 않는 한 단순히 전기차를 보급한다고만 해서 해결될 수 없다(김동주, 2017).

즉, '에너지전환'을 기술적 접근으로만 바라보면, 환경·에너지문제 해결을 위한 체제론적 접근을 간과하는 것이므로 또 다른 부작용을 초래할 수 있다. 기술은 규모(자본)뿐 아니라 권력과도 연계되어 있고, 기술 중심주의는 기술 만능주의로 흐를 위험성이 대단히 높기 때문에 항상 새로운 과학기술의 연구·개발과 보급·확산 과정에 대한 시민적·사회적 통제가 중요하다.

관성유지가 아닌 체제전환을 상상하자!

에너지체제 전환은 단순히 에너지원만을 바꾸는 것이 아니며, 에너지원과 연계된 다양한 사회적 구조들을 바꾸는 것이기 때문에, 지향점을 분명히 하지 않으면, 기존 사회의 관성(자본주의, 산업주의, 관료주의, 전문가주의 등)이 그대로 유지될 가능성이 높다. 이러한 결과의 사례가 앞서 제시한 녹색 개발주의, 참여개발주의, 기술 중심주의 등이다.

에너지체제 전환은 이행(transition)과 개혁(reform)이 아니라 체제 변혁(revolution)이고, 일종의 문명 전환 과정이라고 생각한다. 재생에너지원은 태초부터 공짜(=자연의 무료선물)이므로, 그 자체의 보급 확대는 기존 에너지원의 가격상승에 따라 오히려 자본주의와 수월하게 결합하게 될(=자본에 수탈될) 가능성이 높다고 생각한다. 단순히 화석연료에서 재생가능에너지로 '이행'만 될 뿐이고, 체제는 바

꿰지 않는다면, 어디에나 분산돼 있고 누구나 접근 가능한 재생에너지의 잠재력을 사장시킬 수도 있다.

공기업의 방만경영과 복지부동을 해체하고 경영의 효율화와 합리화를 통한 고객서비스 증진이라는 '개혁'을 위해 국가독점 에너지사업을 시장화하고 있다. 하지만 기존 체제의 관성, 경로의존성, 기득권세력 등 체제 변화를 가로막는(=기존 체제를 유지하는) 무수한 요소들이 존재하고 있으며, 변화를 거부하는 움직임을 불러일으키기도 한다.

따라서 체제론적 접근이 없이는 에너지체제 전환(요구)의 계기들(= 핵발전 문제, 화석연료 고갈, 기후변화, 시민사회의 저항과 참여 등등)을 '사회변화의 에너지'로 활용/발전시켜나갈 수 없다. 과연 현재와 같은 에너지전환 정책으로 전 지구적 생태위기(기후변화, 미세먼지, 자원고갈) 대응이 가능한가?

〈2018 비판사회학대회 발표문〉, 2018년 10월 27일(토), 서울대학교. 일부 발췌 수정함.

에너지 전환 백래시에 맞선
에너지 커먼즈의 실험과 도전

이정필
(에너지기후정책연구소 소장)

2030년에 한국 사회를 되돌아보면, 과거 2022년을 어떻게 평가할까? 섣불리 예측할 수 없다. 낙관적 전망과 비관적 전망이 교차할 뿐이다. 2022년 3월, 〈탄소중립기본법〉이 본격 시행되었다. 그러나 정권 교체 이후 에너지 전환(energy transition) 정책이 에너지 추가(energy addition) 정책으로 바뀌고 있다. 지방정부도 새 정부의 에너지 정책에 적응하는 모습을 보인다. 유엔에 제출된 2030년 온실가스 감축 40%와 2050년 탄소중립 실현이라는 중장기 국가 목표는 수정되지 않겠지만, 재생에너지 발전 비중을 낮추고 대신 핵발전 비중을 높일 계획을 발표했다. 우리는 지속가능성 전환의 초기 단계에서 백래시(backlash)를 경험하고 있다.

실천적 에너지 전환 연구자, 김동주. 그는 현장과 정책을 꿰고 있는 몇 안 되는 전문가라 할 수 있다. 《바람은 우리 모두의 것이다》 (2017년)에서 제주 풍력자원 공유화 운동의 성격과 그 제도화 과정을 체계적으로 분석한 바 있다. 1970년대부터 재생에너지가 보급되기 시작하여 2000년대 '카본프리 아일랜드'를 표방한 제주의 성과와 한계를 살펴보면, 대한민국 탄소중립 에너지 전환의 미래를 조망할 수 있다. 전환 백래시를 문제 삼는 것도 중요하겠지만, 지금이야말로 저자가 제안하는 것처럼, "그동안의 재생가능에너지 정책과 산업에 대해 되돌아보는 시기를 잠시 가져보는 것도 좋겠다." 기후위기의 최전선으로 불리는 제주는 대한민국 곳곳에서 학습하고 참고해야 할 살아 있는 실험실이다. 그러나 풍력, 태양광, 스마트그리드, 에너지저장장치와 전기차 등 분산형 에너지와 모빌리티를 에너지 커먼즈(energy commons)와 정의로운 전환(just transition)의 관점에서 재해석하고 재구성해야 한다.

《전환사회의 새로운 힘, 재생에너지를 공유하라》는 바로 이런 입장에서 2030년 카본프리 아일랜드로 도약할 수 있는 대항력을 키우는 데 유용하다. 민선 8기 지방정부의 적극적인 역할도 필요하지만, 전환운동 진영과 지역사회 주민들의 주도적 활동이 필수적이다. 참여와 공유의 가치가 관치에 흡수되지 않고 자본에 종속되지 않기 위해서는 새로운 주체성이 등장해야 한다. 전환사회를 향한 재생에너지를 혁신할, 즉 기득권과 싸우고, 우리 모두의 것을 되찾고, 새로운 것을 구축할 다양한 주체와 그 연대와 확산이 없으면 불가능한 일이다.

이제 더 이상 제주는 에너지 기술을 실증하는 '테스트베드 특별자치도'로 남아서는 곤란하다. 선도 모델이라는 대외 평판에 기대는 것도 이제 그만할 때가 됐다. 경관은 자연적, 기술적, 경제적, 문화적, 역사적 요소가 상호 작용하는 앙상블이다. 따라서 에너지 전환에서 재생에너지로 인한 경관의 형태, 기능과 가치의 재평가와 재배열을 인정해야 한다. 그리고 새로운 혹은 잠재적인 경관은 어떠해야 하는지, 누구를 위해야 하는지 등의 질문도 해결해야 한다. 에너지 경관이 위험 경관이 되지 않도록 토론과 실천을 더 치열하게 해야 할 때가 됐다.

칼럼, 에세이, 논문으로 구성된 《전환사회의 새로운 힘, 재생에너지를 공유하라》는 지역 에너지 전환의 새 판을 짜려는 시민, 활동가, 공무원, 연구자에게 도전 과제를 제시하는 동시에 스스로를 돌아보는 성찰의 기회를 제공한다. 가깝지만 멀게 느껴지기도 하는 제주의 에너지 전환 이야기에서 우리는 정의로운 에너지 전환의 미래를 다시 구상할 통찰력과 분석력을 얻을 수 있다고 생각한다.

2030년, 기후위기는 심각해져 있을 것이다. 에너지 전환이 속도를 내지 못하면, 위기 상황에 적응할 힘도 시간도 부족하게 된다.

어쩌면 많이 늦었는지 모른다. 그래도 분명 더 나빠지지 않게 대비할 사회적 에너지가 있다고 믿는다. 최근 길거리에서, 공동체에서 분출되고 있고, 김동주의 현장 연구 역시 이렇게 실천 지식을 우리와 나누고 있기 때문이다.

정의로운 에너지 전환을 위한
실천적 탐색

구준모
(에너지노동사회네트워크 기획실장)

 2018년 8월 그레타 툰베리가 스웨덴 의회 앞에서 학교 파업을 시작한 후 전 세계적으로 불타오른 기후운동은 2022년 상당히 어려운 시기를 보내고 있다. 에너지 가격이 치솟자 각국 지도자들은 기후 목표에 관한 미사여구를 거두고 화석연료 확보에 열을 올렸다. 현재 급작스러운 인플레이션으로 많은 사람들이 춥고 힘든 겨울을 보내고 있다. 기후재난에 더해 에너지 위기, 불평등 심화라는 삼중고로 세계 곳곳이 고통받고 있고, 이는 재생에너지로의 정의로운 전환이 이루어지지 않은 결과이기도 하다.

 흔히 재생에너지는 햇빛과 바람이라는 어디에나 존재하는 무상의 자연을 이용해 분권적이고 작은 규모로 설치·운영되어 모든 이들에게 자급과 자치의 기반을 제공한다고 이야기된다. 그러나 이윤 추구라는 자본주의의 정언명령은 재생에너지의 자연적·기술적 특성에 대한 낭만적 기대가 충족될 수 없도록 만든다.

시장화된 에너지 산업 구조 속에서 재생에너지 사업 역시 투자금 회수와 최대한의 수익 창출이라는 목적에 종속된다. 생태계 한계 속에서 인간의 필요를 충족시키기 위해서는 재생에너지로의 전환이 정의롭고 신속하게 진행되어야 하나 그런 일은 지난 30년간 발생하지 않았고, 지금도 사정이 별반 다르지 않다. 민주주의와 평등 그리고 재생에너지가 조화롭도록 하는 일은 현존 에너지제체를 바꾸어야만 가능하다. 따라서 정의로운 에너지 전환은 상당한 갈등과 투쟁을 수반할 수밖에 없다.

김동주의 글은 우리나라에서 재생에너지가 어떤 굴곡을 겪고 있는지를 누구보다 예리한 시각으로 포착한다. 그는 외지 대자본 주도의 풍력 사업이 어떻게 지역사회를 소외시키고 자연을 사유화하는지를 보여준다. 또 해상풍력 사업권과 다름없는 공유수면 점·사용허가권이 사업자 간에 거래되고, 정치적 문제인 '주민참여'가 경제적 이익의 문제로 축소·치환되는 과정을 비판적으로 해설한다.

또한 제주라는 지역의 시각으로 공공적 재생에너지 전환의 경험과 과제를 소개한다. 2000년대 이후 제주도는 부동산 투자이민, 영어교육도시, 영리병원이라는 신자유주의적 사회 정책의 실험대이기도 했지만, 재생에너지 사업에서는 제주에너지공사 설립과 풍력자원 공유화기금 조성이라는 대안적 실험의 공간이기도 했다. 재생에너지 자원을 사유화·상품화하는 지배적 흐름과 다른 공공적 지역화의 길을 제주에서 현실화한 것이다.

물론 제주도의 공공주도 재생에너지 사업에는 여전히 한계와 과제가 있지만 한국 사회가 추구해야 할 전환의 미래를 탐색하려면 여기서부터 시작해야 한다. 기후, 에너지, 불평등의 삼중 위기 속에서 정의로운 에너지 전환을 추구하는 모든 이들에게 이 책을 추천한다.

참고문헌

1. 연구논저

고재경·박훈·예민지, 《경기도 에너지비전 2030 실현을 위한 시군평가 모델개발》, 경기연구원, 2018년 9월.

김동주, "제주도 풍력발전단지 건설에 나타난 녹색 개발주의", 제주대학교 대학원 사회학과 석사학위논문, 2008.

김동주, "에너지체제 전환과 녹색 개발주의", 2008 비판사회학회 봄 학술대회 발표문, 2008.

김동주, 〈지역 에너지전환 정책 평가: 제주특별자치도 전기자동차 보급사업을 중심으로〉, 《탐라문화》 제56호, 제주대학교 탐라문화연구원, 2017.

김동주, 《바람은 우리 모두의 것이다-제주도 풍력발전의 개발과 풍력자원 공유화 운동사》, 제주대학교 탐라문화연구원, 2017.

김동주, "제주 에너지전환과 에너지분권의 현황과 과제-제주 카본프리 아일랜드 정책을 중심으로-", 한국에너지전환포럼 세미나4 자료집, (사)에너지기후정책연구소, 2017년 10월 18일.

김동주, "제주지역 주민참여형 태양광발전 사례와 제주에너지공사의 시범사업 추진방향", 《2018 제주의 환경을 말한다》, 제주환경운동연합, 2018.

김동주, "지역에너지전환과 시민참여: '제주특별자치도 제6차 지역에너지계획 수립' 시민참여 기획 및 운영후기", 《2019 제주의 환경을 말한다》, 제주환경운동연합, 2019.

김동주, "신재생에너지 개발정책과 도민참여 거버넌스", 《제주특별자치도》통권 123호, 제주특별자치도, 2019년 12월.

김민재·박순열·김지혜·안새롬, 〈지속가능성 전환의 관점에서 본 서울시 정책 평가〉, 환경사회학연구《ECO》제22권 제2호, 2018.

김영환, "재생에너지의 전력계통 수용한계 설정방법에 관한 연구", 제주대학교 대학원 박사학위논문, 2020.

김유진·김수덕, 〈국내 신·재생전원 보급지원제도의 평가 및 개선방향〉, 《한국경제연구》제20권, 107-133쪽, 한국경제연구학회.

박선아, "2018년 한국 시민참여형 발전협동조합의 현황과 역할: 에너지전환 행위자로서의 에너지협동조합의 모습을 중심으로", 《에너지협동조합 현황조사(5차) 보고서》, 에너지기후정책연구소, 2019.

백종학·윤순진, 〈서울시 '원전 하나 줄이기'를 위한 전략적 틈새로서 미니태양광사업과 에너지 시민성의 변화-서울시 노원구 주민 인식조사를 바탕으로〉, 《서울도시연구》제16권 제3호, 서울연구원, 2016.

산업통상자원부, 《2019년 지역에너지계획 수립 가이드라인》, 2019년 6월.

생태지평, 《지역에너지 자립정책 비교조사: 완주군-제주도 사례를 중심으로》, 에너지시민연대, 2014.

안정배·이태동, 〈도시의 에너지 전환 분석〉, 환경사회학연구《ECO》제20권 제1호, 한국환경사회학회, 2016.

에너지경제연구원,《합리적 지역에너지계획 수립 유도를 위한 실천 강화 방안-지역에너지계획 수립의 표준 지침서-》, 산업통상자원부, 2014.

에너지경제연구원,《지역에너지계획 수립 가이드라인》, 산업통상자원부, 2016.

에너지경제연구원,《에너지자립도 실행을 위한 신재생에너지 통합보완 CFI 2030 계획 수정보완용역》, 제주특별자치도, 2019년 6월.

오용석·진상현, "시민참여 기법을 도입한 대구광역시 지역에너지계획의 수립과정 분석", 환경사회학연구《ECO》 20권 2호, 2016.

염미경,〈신재생에너지정책에 대한 평가와 시사점-제주도의 태양열과 태양광발전 시설을 중심으로〉,《지역사회학》제14권 제2호, 2013년.

유공,《클린에너토피아 제주 추진계획 수립》, 동력자원부, 1991.

이강준,〈박원순 서울시장의 에너지정치와 시민참여 거버넌스〉,《경제와사회》 107, 비판사회학회, 2015.

이상헌,〈서울시 전환 정책들에 대한 비판적 고찰〉, 환경사회학연구《ECO》제22 권 2호, 한국환경사회학회, 2018.

이상헌·이정필·이보아,《신균형발전을 위한 충청남도 지역에너지체제 전환전략 연구》, 충남발전연구원, 2014.

이유진 외,〈지방정부 기반 지역에너지 전환정책 수립을 위한 기초연구〉,《국가 친환경 에너지전환 추진을 위한 총괄연구》, 한국환경정책평가연구원, 2018.

이정필, "지방자치단체 지역에너지 전환의 의미와 과제",《생태환경논집》제3권 제 2호, 동국대학교 생태환경연구소, 2015.

정대연,《사회과학방법론사전》, 백의출판사, 1997.

최종재·황창규·문채주,〈한국의 신재생에너지 정책의 평가모델 개발: RPS 및 FIT 를 중심으로〉, JKIECS(한국전자통신학회논문지), Vol.8, No.9, 1333-1342, 2013.

홍정만, 〈AHP기법을 적용한 민간기업의 신재생에너지 평가항목에 대한 연구〉, 《에너지경제연구》 제10권 제1호, 2011년 3월.

2. 언론보도 및 기타 자료

연합뉴스, "서울·경기·충남·제주, 친환경에너지 확대 공동선언", 2015년 11월 24일.

이투뉴스, "서울·제주에너지공사, 신재생 공동개발", 2017년 11월 29일.

제주에너지공사, "주요업무보고", 2019년 10월, 5-6쪽.

제주특별자치도 고시 제2019 - 43호, "제주특별자치도 풍력발전사업 허가 및 지구지정에 관한 세부 적용기준 고시", 2019년 3월 15일.

제주특별자치도 미래전략국, 도의회 행정사무감사 업무보고 자료, 2019년 10월.

제주특별자치도 보도자료, "제주도 풍력발전 실용화사업", 2001년 8월 25일.

제주특별자치도 보도자료, "제주특별자치도! Clean Energy City로 도약한다.", 2008년 2월 21일.

제주특별자치도 보도자료, "신재생메카로의 도약 위해 풍력발전 공공자원화한다", 2008년 3월 27일.

제주특별자치도 보도자료, "고유가시대 에너지종합대책 추진에 도정의 역량 총결집", 2008년 5월 30일.

제주특별자치도 보도자료, "신재생에너지 보급 사업 국비 333억원 확보", 2008년 11월 27일 보도자료.

제주특별자치도 보도자료, "가시리 공동목장' 풍력발전단지 최적지", 2009년 2월 19일 보도자료.

제주특별자치도 보도자료, "특별자치도 출범 이후 신·재생에너지 보급 획기적 증가", 2009년 6월 19일.

제주특별자치도 보도자료, "에너지절약 자발적 협약체결 12곳 마무리", 2009년 9
월 25일 보도자료.

제주특별자치도 보도자료, "풍력·태양광 등 신재생에너지 공급규모 확대", 2010년
1월 15일 보도자료.

제주특별자치도 보도자료, "국내최초 제주에 '지열발전소' 건립된다", 2010년 5월
12일.

제주특별자치도 보도자료, "스마트그리드 거점도시 유치 사활건다", 2010년 9월 29
일.

제주특별자치도 보도자료, "가파도, '저탄소 녹색성장' 아이콘으로 뜬다", 2011년
10월 31일.

제주특별자치도 보도자료, "제주형 저탄소 녹색성장-Carbon Free Island Jeju by
2030", 2012년 5월 2일.

제주특별자치도 보도자료, "Carbon Free Island 구축을 위한 가시리 국산화 풍력발
전단지 준공기념식 거행", 2012년 3월 15일.

제주특별자치도 보도자료, "제주도-LG, 에너지신산업 공동추진 합의", 2015년 5월
26일.

제주특별자치도 보도자료, "제주특별자치도-한국전력공사-LG 글로벌 에코 플랫폼
제주 사업 위해 MOU 체결", 2015년 10월 8일.

제주특별자치도 보도자료, "제주바람, 공공주도의 개발로 지역 상생모델 만든다.",
2015년 9월 2일.

제주특별자치도 보도자료, 〈도민 소득으로 이어지는 태양광발전 활성화 기본계
획〉, 2016년 4월 28일.

제주특별자치도 보도자료, "제주도, 카본프리 아일랜드 정책방향 도민고견 듣는

다", 2019년 12월 10일.

제주특별자치도(회계과), 《2018 제주의 결산 알기 쉽게 살펴보기》, 제주특별자치
도, 2019.

제주특별자치도 홈페이지, "풍력자원공유화기금", https://www.jeju.go.kr/group/
part29/power/wind.htm

한국전력거래소 시장운영처 시장정산팀, 《2018년도 전력시장 통계》, 한국전력거
래소, 2019년 5월.

한국전력거래소 제주지사, "2010~2018년 제주지역 계통운영 실적", 각 년도.

주

재생에너지가 전환사회의
새로운 힘이 되려면

1) 2002년 시작된 발전차액지원제도(FIT, Feed In Tariff)를 폐지하고 2012년부터 도입된 현
행 재생가능에너지 보급제도로, 500MW 이상의 발전설비를 보유한 발전기업(한전 발전자
회사 및 민간발전회사)은 매년 신재생에너지법 시행령에 정해진 비율에 맞춰 총 전력생산
량의 일부를 재생가능에너지로 직접 생산하거나, 또는 재생가능에너지발전회사가 그들의
전력생산량만큼 발급받은 신재생에너지공급인증서(REC, Renewable Energy Certificate)
를 시장에서 구매해 보완해야 하며, 그 목표를 달성하지 못할 경우에는 과징금을 낸다.

2) 주민참여제도는 주민이 일정 비율 이상 참여 시 REC 가중치를 사업자에 부여해 사업자가
가중치 수익금을 주민에게 배분하도록 한 제도다. 설비용량 1,000kW 이상 태양광발전소
와 3,000kW 이상 풍력발전소로서 주민참여율(투자지분율 및 총사업비 대비 주민이 투자
한 금액의 비율)이 '지분비율 10% + 총사업비 2% 이상' 또는 '지분비율 20% + 총사업비 4%
이상'인 경우에 대해서는 가중치를 적용한다. 참여주민은 해당 발전소로부터 반경 1km 이
내에 소재하는 읍·면·동에 1년 이상 주민등록이 되어 있는 자 중 최소 5인 이상이 참여하고,
1인당 투자금은 전체 주민투자금의 30% 미만이어야 하며, 주민참여율 산정 방법 등 가중

치 적용을 위한 세부 사항은 공급인증기관의 장이 정하는 세부 기준을 따른다.

3) 발전소주변지역지원법률에 따라 발전소 건설시점부터 가동기간 동안 발전소 주변지역(반경 5km 이내) 주민들을 위해 각 발전본부별로 육영사업, 전기요금 보조 등의 사업을 시행하고 있다. 발전소 주변지역을 지원함으로써 전력사업에 대한 국민의 이해를 증진시키고 전원개발 촉진과 발전소의 원활한 운영을 도모하여 지역발전에 기여하는 것을 목적으로 하고 있다. 전기사업법 제48조에 의한 전력산업기반기금을 재원으로 하며 전전년도 발전량을 기준으로 연간 지원금을 산출해 각 발전본부와 지자체에 교부된다.

4) 주민참여자금은 대규모 풍력(3MW 이상), 태양광(500kW 이상) 발전소 인근 주민들이 발전 사업에 참여(채권, 지분, 펀드 등)하고자 할 때, 투자금(총사업비의 4% 이내)의 최대 90%까지 장기저리로 지원한다. 2021년 지원규모는 총 370억 원으로, 대출기간 및 이자율은 20년 거치 일시상환 조건으로 분기별 변동금리(1.75%)다.

5) 그리드 패리티(Grid Parity)는 석유·석탄 등을 쓰는 화력발전 비용과 태양광이나 풍력 등과 같은 신재생에너지로 전기를 생산하는 비용이 같아지는 시점을 의미한다. 화석연료 가격의 급등과 신재생에너지 전력 생산비용이 낮아지면 그리드 패리티 달성 시기를 앞당길수 있다. * 출처: 연합인포맥스(http://news.einfomax.co.kr)

6) 2021년 10월 4일, 국회 이성만 더불어민주당 의원실이 산업통상자원부에서 제출받은 자료에 따르면 지난 8월 기준 태양광 이격거리 규제를 갖춘 지자체는 129곳이다.

7) 문재인 정부 들어 신재생에너지 확대를 위한 에너지전환 정책을 펴고 있지만 태양광 이격거리 규제는 오히려 급격히 증가했다. 한국에너지공단에 따르면 태양광 이격거리 규제를 둔 지자체 수는 2014년 1곳, 2015년 4곳, 2016년 8곳, 2017년 22곳, 2018년 90곳, 2019년 122곳, 2020년 128곳으로 지속 확대됐다.(〈전자신문〉, "태양광 이격거리 규제 지자체 129곳…정부 가이드라인 '무용지물', 2021년 10월 5일. https://www.etnews.com/20211004000024)

8) 〈이투뉴스〉, "중구난방 태양광 이격거리 100m 상한 추진", 2022년 1월 7일.

9) 물론 그렇다고 수백 년에서 수만 년을 영원히 격리해야 하는 방사성폐기물과 비교할 정도
는 안 된다. 또한 산업사회의 모든 폐기물의 독성에 비해 유독 태양광발전의 그것을 강조
하는 것은 재생에너지에 대한 의도적인 공격일 뿐이다.

제주도 풍력발전지구 지정 제도, 성과와 과제

1) 2019년 3월, 관련 고시 개정을 통해 50MW 이상으로 하향되었다.

지방에너지공기업, 성공의 조건은?

1) 2019년 제주에너지공사는 대규모 풍력발전사업 참여를 위한 수권자본금을 확대하고, 기
존 풍력발전단지 내 토지 등 제주특별자치도의 공유재산을 현물출자 받아 납입자본금을
1,306억 원으로 확대하였다.

제주도 기름값은 섬이라서 비싼가?

1) https://www.petroleum.or.kr/ko/sub02/02_8.php

2) https://skinnonews.com/archives/21558

시민과 함께 탄소중립 조례 만들기

1) 3월 14일 정책토론회를 개최하였으나, 상반기에는 조례제정을 못 하였다. 9대 구의회 개
원 후 10월 11일 다시 정책간담회를 개최하는 등 현재도 조례제정을 추진하고 있다.

2) 현재는 처리되어 제정되었다.

탄소중립,
지방정부의 역할은?

1) 제주, 서울, 대전, 충남, 부산, 울산, 경기, 경남, 대구, 강원, 전남, 전북, 세종.

2) 전남 해남, 서울 강북, 경기 군포, 충남 천안, 서울 동대문, 경기 고양, 서울 은평, 전북 전주, 강원 원주, 경기 성남, 서울 성동, 강원 속초, 대구 달서, 전남 여수, 경기 과천, 서울 구로, 대구 수성, 경기 하남, 대전 서구, 대전 대덕, 경기 광명, 대구 북, 서울 도봉, 서울 서대문, 충남 태안.

탄소중립과 에너지전환을 위한
지역사회의 과제

1) 자연이 제공한 그대로의 가공하지 않은 에너지. 1차에너지 소비는 최종에너지소비와 전환손실을 합한 양이다.

2) 석유환산톤(Ton of Oil Equivalent: toe). 에너지의 가치를 석유를 기준으로 환산할 때 쓰는 단위. 원유 1kg=10.750kcal, 1toe=107kcal.

3) 유효에너지로 변환되기 위해 소비자에게 제공되는 에너지. 최종에너지소비는 최종에너지 소비자에게 공급된 에너지양으로 전환손실 및 에너지산업체의 자체소비는 제외한다.

4) 제주도내 화력발전소의 연료를 바이오중유로 전환했지만, 연료의 생산과정에서 대규모 열대우림과 이탄지를 파괴하면서 막대한 이산화탄소를 배출하기 때문에 기후위기 대응을 위해 적절하다고 볼 수 없으며, 또한 과다한 설비용량으로 인해 풍력발전의 출력제한을 초래하여 재생에너지 보급을 방해한다는 비판이 있다(제주환경운동연합, 2021).

5) 풍력 295MW, 태양광 420MW, 기타 9MW, 폐기물 19MW인데, 태양광발전 설비는 더 증가하여 2021. 8월 말 현재, 태양광은 550MW이다(사업용 493MW, BTM 57MW).

6) 신재생에너지 제약발전량에 따른 별도의 보상방안이 없는 현재의 제주 전력계통운영 환경에서 카본프리 아일랜드 정책목표인 3.8GW 신재생에너지 설비를 수용하는 것은 불가능하며, 현실적인 목표로 1.5GW로 낮춘 후 풍력과 태양광 구성비가 50:50이 되도록 설치하고, 초과발전량 완화를 위해 200MW 이상의 ESS가 운영되어야 한다는 지적도 있다(김영환, 2020).

제주특별자치도 신재생에너지
개발보급사업 평가

1) 그렇지 않을 경우, 기존에 형성된 개발주의적 에너지체제에서 에너지원만 녹색으로 바뀐 채 나머지 사회적 요소들은 그대로 작동하는 '녹색 개발주의'로 전락하기 때문이다(김동주, "제주도 풍력발전단지 건설에 나타난 녹색 개발주의", 제주대학교 대학원 사회학과 석사학위논문, 2008.). 이러한 관점에서 이 글은 에너지원만이 아니라, 에너지 '체제' 전환의 관점에서 정책을 분석하기 위한 틀을 구성하였고, 2장에서 다룰 외부 평가기준이 그 내용들이다.

2) 김동주, 〈지역 에너지전환 정책 평가: 제주특별자치도 전기자동차 보급사업을 중심으로〉, 《탐라문화》 제56호, 제주대학교 탐라문화연구원, 2017, 51쪽.

3) 생태지평, 《지역에너지 자립정책 비교조사: 완주군-제주도 사례를 중심으로》, 에너지시민연대, 2014.

4) 이유진 외, 〈지방정부 기반 지역에너지 전환정책 수립을 위한 기초연구〉, 《국가 친환경 에너지전환 추진을 위한 총괄연구》, 한국환경정책평가연구원, 2018, 492쪽.

5) 제주 전력계통에서 변동성 신재생에너지자원(Variable Renewable Energy)이 늘어날수록 전력수요를 초과하는 발전량에 대해서는 계통안정을 위해 출력을 제한하고 있다. 2015년 3회를 시작으로, 2019년 9월까지 23회, 전체 풍력발전량의 1.2%인 4.4GWh의 발전량 제약이 발생했다(김영환, "재생에너지의 전력계통 수용한계 설정방법에 관한 연구", 제주대

학교 대학원 박사학위논문, 2020, 1쪽)

6) 김유진·김수덕, 〈국내 신·재생전원 보급지원제도의 평가 및 개선방향〉, 《한국경제연구》 제 20권, 107~133쪽, 한국경제연구학회; 최종재·황창규·문채주, 〈한국의 신재생에너지 정책 의 평가모델 개발: RPS 및 FIT를 중심으로〉, JKIECS(한국전자통신학회논문지), Vol. 8, No. 9, 1333~1342, 2013.

7) 홍정만, 〈AHP기법을 적용한 민간기업의 신재생에너지 평가항목에 대한 연구〉, 《에너지 경제연구》, 제10권 제1호, 2011년 3월, 115~142쪽.

8) 염미경, 〈신재생에너지정책에 대한 평가와 시사점-제주도의 태양열과 태양광발전시설을 중심으로〉, 《지역사회학》 제14권 제2호, 2013, 145~174쪽.

9) 에너지경제연구원, 《에너지자립도 실행을 위한 신재생에너지 통합보완 CFI 2030계획 수 정보완용역》, 제주특별자치도, 2019년 6월, 21~35쪽. 제주도 담당 공무원 8명 및 제주도내 대학교수 4명 등 총 15명의 평가위원단을 구성하여, 평가지표 선정, 그에 따른 우선순위 및 가중치 도출, 이행실적 성과평가 및 종합 평가 등 3단계로 나눈 후, 18개의 평가지표를 구축하여, 9점 척도 방식으로 평가하였다.

10) 고재경·박훈·예민지, 《경기도 에너지비전 2030 실현을 위한 시군평가 모델개발》, 경기연 구원, 2018년 9월.

11) 기존의 에너지정책 평가 사례들에 대한 검토 결과, 정량적·정성적 방법으로 비교·평가할 수 있는 지표는 상대적으로 풍부하고, 대부분 국가 간 비교를 목적으로 국제기구나 단체 에 의해 개발되어 적용되고 있다고 한다.

12) 이상헌, 〈서울시 전환 정책들에 대한 비판적 고찰〉, 환경사회학연구 《ECO》 제22권 2호, 한국환경사회학회, 2018, 41~76쪽.

13) 김민재·박순열·김지혜·안새롬, 〈지속가능성 전환의 관점에서 본 서울시 정책 평가〉, 환경 사회학연구 《ECO》 제22권 제2호, 2018.

14) 김동주, 〈지역 에너지전환 정책 평가: 제주특별자치도 전기자동차 보급사업을 중심으

로〉, 《탐라문화》 제56호, 제주대학교 탐라문화연구원, 2017년 10월, 45~82쪽.

15) 에너지경제연구원, 《합리적 지역에너지계획 수립 유도를 위한 실천 강화 방안-지역에너 지계획 수립의 표준 지침서-》, 산업통상자원부, 2014; 에너지경제연구원, 《지역에너지계 획 수립 가이드라인》, 산업통상자원부, 2016.

16) 예를 들어, 기존 연구에서는 전기자동차 보급사업에 대한 정량적 평가로 전체 차량 등록 비율 중 전기차 등록비율이 얼마인지를 보여주었으나, 이번 연구에서는 계량적 평가내용 을 보다 세분화하여, 전체 에너지 중 재생에너지 공급비중뿐 아니라, 재생에너지 공급중 가율, 잠재량 대비 개발량, 비상업용 신재생에너지 보급실적 등을 추가하였다. 이렇게 분 석내용을 추가하는 것은 연구수행시점을 기준으로 가장 최근의 관련 연구성과를 반영하 여 보다 나은 분석틀을 구성하려는 연구자의 의도이다. 특히 '에너지전환'은 시간의 변동 에도 불구하고 바뀌지 않는 고정된 개념이 아니라, 사회적으로 구성되는 개념이다. 따라 서 이러한 특성을 반영하여 분석틀을 구성하면, 연구 수행 시점에서 해당 개념의 내용을 과거의 연구와 비교할 수 있는 장점이 있다.

17) 김동주, "제주도 풍력발전단지 건설에 나타난 녹색 개발주의", 제주대학교 대학원 사회학 과 석사학위논문, 2008; 백종학·윤순진, 〈서울시 '원전 하나 줄이기'를 위한 전략적 틈새로 서 미니태양광사업과 에너지 시민성의 변화-서울시 노원구 주민 인식조사를 바탕으로〉, 《서울도시연구》 제16권 제3호, 서울연구원, 2016; 안정배·이태동, 〈도시의 에너지 전환 분석〉, 환경사회학연구 《ECO》 제20권 제1호, 한국환경사회학회, 2016; 이강준, 〈박원순 서울시장의 에너지정치와 시민참여 거버넌스〉, 《경제와사회》 107, 비판사회학회, 2015; 이상헌·이정필·이보아, 《신균형발전을 위한 충청남도 지역에너지체제 전환전략 연구》, 충남발전연구원, 2014; 이정필, "지방자치단체 지역에너지 전환의 의미와 과제", 《생태환 경논집》 제3권 제2호, 동국대학교 생태환경연구소, 2015, 28~52쪽.

18) 다만, 몇몇 기존 연구에서는 각 평가 내용별 세부 지표를 작성하여 가중치를 부여하고 총 점을 산출하는 방식을 채택했지만, 이 글은 제주도와 다른 지역을 비교하려는 목적은 없

으로 배제하였다. 왜냐하면 우리나라는 각 지방자치단체마다 인구와 예산규모, 산업 구조 등이 서로 차이가 많고, 에너지전환 정책을 펼쳐온 역사가 매우 상이할 뿐 아니라, 대부분 짧기 때문에, 현 단계에서 각 지역별 상호 비교는 큰 의미가 없다. 대신 우리나라 지역 에너지정책의 선도적인 지방자치단체로서 제주도의 현황이 어느 수준에 도달했는지 평가해보기 위한 목적이 크다.

19) 2017년 10월 18일, (사)에너지기후정책연구소가 주최하여 서울에서 열린 '한국에너지전환포럼 세미나 4'에서 본인이 발표한 "제주 에너지전환과 에너지분권의 현황과 과제-제주 카본프리 아일랜드 정책을 중심으로-"라는 글의 내용을 바탕으로 수정·보완하였다. 한편 이 시기 동안 지역에너지계획, 풍력발전종합관리계획 등 에너지 관련 행정계획도 수립되었지만, 여기에 정리한 제주도의 정책발표내용 등을 사후적으로 계획에 반영하였으므로 정책의 전개과정에서 제외하였다.

20) 김동주, 《바람은 우리 모두의 것이다-제주도 풍력발전의 개발과 풍력자원 공유화운동사》, 제주대학교 탐라문화연구원, 2017. 이 글의 분석대상은 지역 에너지정책이므로 국가가 주도하여 추진한 정책에 대한 기술은 생략한다.

21) 제주도 보도자료, "제주도 풍력발전 실용화사업", 2001년 8월 25일.

22) 제주특별자치도 보도자료, "신재생메카로의 도약 위해 풍력발전 공공자원화한다", 2008년 3월 27일.

23) 유공, 《클린에너토피아 제주 추진계획 수립》, 동력자원부, 1991.

24) 제주특별자치도 청정에너지과 보도자료, "제주특별자치도! Clean Energy City로 도약한다.", 2008년 2월 21일.

25) 제주특별자치도 청정에너지과 보도자료, "고유가시대 에너지종합대책 추진에 도정의 역량 총결집", 2008년 5월 30일.

26) "신재생에너지 보급 사업 국비 333억원 확보"(2008년 11월 27일 보도자료), "'가시리 공동목장' 풍력발전단지 최적지"(2009년 2월 19일 보도자료), "특별자치도 출범 이후 신·재생

에너지 보급 획기적 증가"(2009년 6월 19일), "에너지절약 자발적 협약체결 12곳 마무리"(2009년 9월 25일 보도자료), "풍력·태양광 등 신재생에너지 공급규모 확대"(2010년 1월 15일 보도자료), "국내최초 제주에 '지열발전소' 건립된다"(2010년 5월 12일), "스마트그리드 거점도시 유치 사활건다"(2010년 9월 29일), "가파도, '저탄소 녹색성장' 아이콘으로 뜬다"(2011년 10월 31일).

27) 제주특별자치도 보도자료, "제주형 저탄소 녹색성장-Carbon Free Island Jeju by 2030", 2012년 5월 2일.

28) 제주특별자치도 보도자료, "제주도-LG, 에너지신산업 공동추진 합의", 2015년 5월 26일.

29) 제주특별자치도 보도자료, "제주특별자치도-한국전력공사-LG 글로벌 에코 플랫폼 제주 사업 위해 MOU 체결", 2015년 10월 8일.

30) 제주특별자치도 경제산업국 에너지산업과 보도자료, "제주바람, 공공주도의 개발로 지역 상생모델 만든다.", 2015년 9월 2일.

31) 제주특별자치도 경제산업국 에너지산업과, 〈도민 소득으로 이어지는 태양광발전 활성화 기본계획〉, 2016년 4월 28일.

32) 에너지경제연구원, 《에너지자립도 실행을 위한 신재생에너지 통합보완 CFI 2030계획 수정보완용역》, 제주특별자치도, 2019년 6월.

33) 한국전력거래소 시장운영처 시장정산팀, 《2018년도 전력시장 통계》, 한국전력거래소, 2019년 5월, 149쪽.

34) "2020년까지 500MW(육상 200MW, 해상 300MW)의 풍력발전을 개발하여 총전력 수요의 20%를 풍력발전으로 대체하여 나간다."

35) 물론 평가기준이 2020년은 아니지만 이 글을 작성하는 2019년 12월 말 현재의 상황에 비춰볼 때 2020년 말까지 300MW의 해상풍력 준공은 무리한 상황이고, 100MW 해상풍력 1개소 사업허가 완료만이 가능한 실적이라고 전망할 수 있다.

36) 제주특별자치도 미래전략국, "행정사무감사 지적사항 추진상황-감귤원폐원지 태양광

발전사업 추진 관련 관리감독 철저", 도의회 행정사무감사 업무보고 자료, 2019년 10월, 46쪽.

37) 에너지경제연구원, 《에너지자립도 실행을 위한 신재생에너지 통합보완 CFI 2030계획 수정보완용역》, 제주특별자치도, 2019년 6월.

38) 제주특별자치도 미래전략국, "에너지 자립을 위한 신재생에너지 보급확산", 도의회 행정사무감사 업무보고 자료, 2019년 10월, 11쪽.

39) 한국전력거래소 제주지사, "2010년 제주지역 계통운영 실적", 2011년 1월.; 한국전력거래소 제주지사, "2018년 연간 제주지역 전력계통 운영실적", 2019년 2월.

40) 산업통상자원부, 《2019년 지역에너지계획 수립 가이드라인》, 2019년 6월.

41) 지역에너지계획은 에너지법 및 제주특별자치도 에너지기본조례에서 따라 5년마다 수립하고 있는 법정계획이다. 제주도에서는 지난 1994년 이후 2018년까지 5차례에 걸쳐 수립해왔다. 그런데 2019년 6월 상위 계획인 '3차 에너지기본계획'이 확정됨에 따라, 정부에서는 이와 연계하여 지역에너지계획 수립 시기를 통일시키기 위해 전국 17개 광역시도에 다시 수립하라는 지시를 내렸다.

42) 김동주, "지역에너지전환과 시민참여: '제주특별자치도 제6차 지역에너지계획 수립' 시민참여 기획 및 운영후기", 《2019 제주의 환경을 말한다》, 제주환경운동연합, 2019년 11월 28일(110~117쪽).

43) 제주특별자치도 미래전략국 보도자료, "제주도, 카본프리아일랜드 정책방향 도민고견 듣는다", 2019년 12월 10일.

44) 김동주, "신재생에너지 개발정책과 도민참여 거버넌스", 《제주특별자치도》통권123호, 제주특별자치도, 2019년 12월(136~143쪽).

45) 제주지역 에너지시민운동으로 에너지절약운동, 탈핵에너지전환운동, 풍력자원공유화운동 등이 펼쳐지고 있다.

46) 제주특별자치도 미래전략국, "태양광발전 보급사업 추진현황", 도의회 행정사무감사 업

무보고 자료, 2019년 10월, 212쪽.

47) 제주특별자치도 미래전략국, "도내 풍력발전단지 추진상황", 도의회 행정사무감사 업무 보고 자료, 2019년 10월, 214쪽.

48) 2017년까지 누적개수는 141개였는데, 2018년 한 해 동안 115개가 증가하였다(박선아, "2018년 한국 시민참여형 발전협동조합의 현황과 역할: 에너지전환 행위자로서의 에너지협동조합의 모습을 중심으로", 《에너지협동조합 현황조사(5차) 보고서》, 에너지기후정책연구소, 2019.).

49) 김동주, "제주지역 주민참여형 태양광발전 사례와 제주에너지공사의 시범사업 추진방향", 《2018 제주의 환경을 말한다》, 제주환경운동연합, 2018, 147~154쪽.

50) 제주특별자치도 고시 제2019-43호, "제주특별자치도 풍력발전사업 허가 및 지구 지정에 관한 세부 적용기준 고시", 2019년 3월 15일.

51) 연합뉴스, "서울·경기·충남·제주, 친환경에너지 확대 공동선언", 2015년 11월 24일.

52) 이투뉴스, "서울·제주에너지공사, 신재생 공동개발", 2017년 11월 29일. (http://www.e2news.com/news/articleView.html?idxno=104184)

53) 제주특별자치도 액화석유가스의 자동차연료 사용에 관한 조례(2008.1.9. 제정), 제주특별자치도 천연가스생산기지 주변지역 지원에 관한 조례(2019.3.14. 제정).

54) 제주특별자치도 전기자동차 보급 촉진 및 이용 활성화에 관한 조례(2015.8.18. 제정).

55) 제주특별자치도 미래전략국, "2019 행정사무감사 주요업무보고", 2019년 10월, 33~34쪽.

56) 제주특별자치도(회계과), 《2018 제주의 결산 알기 쉽게 살펴보기》, 제주특별자치도, 2019.

57) 기금의 주요사용내역은 지역개발기금 749억 원, 관광진흥기금 316억 원, 지역농어촌진흥기금 289억 원, 중소기업육성기금 203억 원, 재난관리기금 82억 원 등이다.

58) "풍력자원공유화기금", https://www.jeju.go.kr/group/part29/power/wind.htm

59) 제주특별자치도 미래전략국, "2019 행정사무감사 주요업무보고", 2019년 10월, 3~4쪽.

60) 제주에너지공사, "주요업무보고", 2019년 10월, 5~6쪽.

61) 최근 연구에 따르면, 신재생에너지 제약발전량에 따른 별도의 보상방안이 없는 현재의 제주 전력계통운영 환경에서 카본프리 아일랜드 정책목표인 3.8GW 신재생에너지 설비를 수용하는 것은 불가능하며, 현실적인 목표로 1.5GW로 낮춘 후 풍력과 태양광 구성비가 50:50이 되도록 설치하고, 초과발전량 완화를 위해 200㎿ 이상의 ESS가 운영되어야 한다고 지적했다(김영환, "재생에너지의 전력계통 수용한계 설정방법에 관한 연구", 제주대학교 대학원 박사학위논문, 2020, 91쪽).

녹색 개발주의, 참여 개발주의, 기술 중심주의를 넘어

지속가능한 에너지체제로 전환하자

1) 물론 2020년 이후 코로나19로 인한 사회적 거리두기에 따라 전체 온실가스 배출량이 과거보다 줄어들기는 했다.

2) 〈전기사업법〉 제25조(전력수급기본계획의 수립) ②산업통상자원부장관은 기본계획을 수립하거나 변경하고자 하는 때에는 관계 중앙행정기관의 장과 협의하고 공청회를 거쳐 의견을 수렴한 후 제47조의2에 따른 전력정책심의회의 심의를 거쳐 이를 확정한다. 다만, 산업통상자원부장관이 책임질 수 없는 사유로 공청회가 정상적으로 진행되지 못하는 등 대통령령으로 정하는 사유가 있는 경우에는 공청회를 개최하지 아니할 수 있으며 이 경우 대통령령으로 정하는 바에 따라 공청회에 준하는 방법으로 의견을 들어야 한다. 〈신설 2013. 7. 30.〉

3) xEV(전기자동차, Plug-in Hybrid), ESS(에너지저장장치), xEMS(에너지관리시스템, Building/Factory/Home), PV(태양광), FC(연료전지), V2G(Vehicle to Grid), P2G(Power to Gas), smart grid, micro-grid, super grid, DR(Demand Response), 에너지 블록체인, DC배전 등등.

제주특별자치도 신·재생에너지 발전시설 현황

(2022. 10월말 기준)

신·재생에너지 발전시설 현황 (운전 중)

구분	합계	풍력	태양광	수력	바이오	폐기물
개소	1,581개소	22개소	1,547개소	5개소	5개소	2개소
설비용량	830.74MW	294.44MW	509.1MW	0.8MW	4.8MW	21.6MW

1) 풍력

합계	운전 중	절차 이행 중
35개소(1,008.64MW, 266기)	22개소(294.44MW, 123기)	13개소(714.2MW, 143기)

2) 태양광

구분	합계		운전 중		추진 중	
	용량(kW)	개소	용량(kW)	개소	용량(kW)	개소
계	730,133	2,108	509,087	1,547	221,046	561

3) 수력

구분	합계		운전 중		추진 중	
	용량(kW)	개소	용량(kW)	개소	용량(kW)	개소
계	1,274.4	10	816.4	5	458	5

4) 바이오

합계		운전 중		추진 중	
용량(kW)	개소	용량(kW)	개소	용량(kW)	개소
9,979	9	4,739	5	5,240	4

5) 폐기물

합계		운전 중		추진 중		인허가	
용량(kW)	개소	용량(kW)	개소	용량(kW)	개소	용량(kW)	개소
26,570	4	21,600	2	2,990	1	1,980	1

6) 파력

합계		운전 중		추진 중	
용량(kW)	개소	용량(kW)	개소	용량(kW)	개소
5,050	2	0	0	5,050	2

전환사회의
새로운 힘,
재생에너지를 공유하라

2022년 12월 27일 초판 1쇄 발행

지은이 김동주 **펴낸이** 김영훈 **편집장** 김지희 **디자인** 나무늘보, 이은아, 최효정, 강은미, 김지영
펴낸곳 한그루 **출판등록** 제651-2008-000003호 **주소** 제주특별자치도 제주시 복지로1길 21
전화 064-723-7580 **전송** 064-753-7580 **전자우편** onetreebook@daum.net **누리방** onetreebook.com

ISBN 979-11-6867-064-8 (03300)

© 김동주, 2022

이 책의 출판비 일부는 제주특별자치도 제주학연구센터의 지원을 받았습니다.

값 15,000원